EL LIBRO DE ORO

EL LIBRO DE ORO

Reglas para triunfar en el juego de la vida

Alejandra Llamas

Grijalbo

El libro de oro
Reglas para triunfar en el juego de la vida

Primera edición: enero, 2020

D. R. © 2019, Alejandra Llamas

D. R. © 2020, derechos de edición mundiales en lengua castellana:
Penguin Random House Grupo Editorial, S. A. de C. V.
Blvd. Miguel de Cervantes Saavedra núm. 301, 1er piso,
colonia Granada, alcaldía Miguel Hidalgo, C. P. 11520,
Ciudad de México

www.megustaleer.mx

ISBN: 978-607-318-735-0

Impreso en México – *Printed in Mexico*

El papel utilizado para la impresión de este libro ha sido fabricado a partir de madera
procedente de bosques y plantaciones gestionadas con los más altos estándares ambientales,
garantizando una explotación de los recursos sostenible con el medio ambiente y beneficiosa para las personas.

Penguin
Random House
Grupo Editorial

*Este libro es para el espíritu, la Verdad que sana,
para el Amor y por lo tanto para cada uno de nosotros.*

Gracias por guiar mis libros y mi camino.

Gracias a cada uno de mis seres cercanos y amados.

A Gena, Hana, Pat y mi mami.

A todos en el Instituto MMK.

Gracias, Mari, Mariana, Gloria y Marisa, y gracias, mi Fer de PRH.

Esto es posible gracias a ustedes.

*Gracias por el amor que me dan mis amigas y amigos, que
tanta felicidad traen a mi vida, ustedes saben quiénes son.*

Índice

Introducción

Si la vida fuera un juego, que de cierta forma lo es, podríamos reconocer que, como en cualquier juego, habría algo por conquistar, algo que trascender y una manera de vivir para triunfar. En este caso ganar en la vida significaría despertar del sufrimiento o la carencia con el fin de disfrutar y vivir tu gran vida.

En dicho juego éstas serían las reglas y este libro te enseñará a conquistarlas:

1) Trasciende la creencia de carencia en todos los aspectos de tu vida.

   Salir de: no hay suficiente, no soy suficiente, no son suficiente, no fue suficiente, etcétera.
   Aplicado a: ti, tiempo, recursos, dinero, paciencia, posibilidades, conocimientos, amor, pasado, pareja, salud, vida, etcétera.

2) Encuentra armonía y balance en TODAS tus relaciones y contigo mismo. Cuando creemos en la carencia las relaciones se viven desde el juicio, la falla y el miedo.
3) No pretendas ser alguien que no eres y participa activamente en tu vida. No te escondas.
4) Apoya al mayor número de personas a que triunfen contigo.
5) No debe existir deseo de crear perdedores o ponerte en esa posición.

6) No trates de cambiar las elecciones de otros.

7) Mantén tus opciones abiertas.

8) No puedes jugar por nadie, ni por tus hijos, familiares o pareja.

9) Puedes alejarte con un corazón en paz de los que no desean triunfar.

10) Debes elegir el bien común.

11) Todas las alianzas deben trabajar por un bien común y no para el bien de la alianza.

12) La guerra no es una opción para ganar.

13) Acumulación y apego retrasan el triunfo.

14) Los jugadores dedican tiempo a ser conscientes de quiénes son realmente en cada situación.

15) Reconoce que la percepción es una herramienta clave del juego.

16) Sé congruente: alinea pensamiento, palabra y acción.

Comencemos:

¿Para qué leer este libro?

El libro de oro es un manual de vida. Es una guía práctica para "vivir en tu poder".

En este camino, puedes crear la vida que deseas vivir o ser víctima de tus circunstancias viviendo con creencias que no te funcionan. Puedes entender que el sufrimiento es opcional, y que cada uno crea su realidad a través de sus propias declaraciones, que si no están bien enfocadas te limitan las posibilidades.

Diseñar y reactivar tu conciencia sabiendo que lo que deseas ya lo eres, te abre las puertas a vivir con propósito. Saber aplicar en tu vida técnicas para limpiar tu interior será una vía poderosa para manifestar la vida de tus sueños.

Este libro representa posibilidades, representa abrirte a las distintas opciones que te lleven a una vida enfocada en la conciencia, donde el sincrodestino no te sorprende, sino más bien te reitera la manifestación al alcanzar milagros (cambios de percepción) en tu camino y con libertad de elegir aquello que has decidido SER para trascender. Si la vida fuera un juego aquí tienes las reglas.

Vive en tu poder

Lo primero que tienes que reconocer como participante de la vida es que eres libre de elegir cómo te relacionas con los eventos del día a día y con la conversación que llevas dentro. Cada uno de nosotros debe estar consciente de que nos convertimos en lo que hemos *decidido* ser. Por ejemplo, la persona que decide vivir de manera amorosa es consciente de ser así antes de relacionarse con el exterior. Por lo tanto, estará declarando ser amor para sí misma. Sin embargo, la persona que no se ha dado cuenta de que tiene esta elección responde al mundo por *default*, por lo que cree o lo que piensa de cada situación o de otros. Esto que piensa seguramente viene de una programación adquirida desde la niñez a través de su entorno, que a lo mejor ni siquiera corresponde con lo que es efectivo en este momento de su vida.

Es probable que ahora experimentes la vida partiendo de las "ideas" que tienes, sin embargo, *tú* determinas tu relación con la vida en todo momento, ahí radica tu poder.

¿Has pensado quién has decidido ser y quién quieres ser frente a tu vida?

La forma de reconectar con el poder es siendo consciente, es *darte cuenta…* reconocerlo como parte de ti mismo. En este libro se te enseña cómo vivir a partir de él. Cuando somos seres conscientes de todo lo que es posible en determinada situación, tenemos la llave para trascender la vida. En otras palabras, tu paz no está determinada por tu mundo, sino que *tu mundo se debe al poder que crees tener en todo momento.*

Todo lo que te dices es cierto para ti, y lo verás plasmado en el plano físico. Usa el poder interior que tienes para ver exteriorizado lo que te dices a ti mismo. Transformarnos en seres responsables quiere decir que dejamos de atribuir nuestra definición de quiénes somos a lo que sucede en el mundo exterior, al reconocer que las condiciones del mundo exterior son un reflejo de lo que llevamos dentro.

Desde la antigüedad se conoce la palabra *abracadabra*, es un vocablo muy antiguo que nos indica lo que algunos sabios ya sabían: que el plano físico se acomoda a lo que eres, sientes y crees. Literalmente significa: "Será manifestado apegado a mi palabra".

No eres víctima de tus circunstancias.

Bienvenido a *El libro de oro*. Todo es más sencillo de lo que *crees*.

*Lo que hoy reconoces como verdad de ti mismo
es lo que experimentas y le llamas vida.*
NEVILLE GODDARD

CAPÍTULO 1

Reconoce las limitaciones aparentes que no te permiten romper patrones

Los seres humanos nacemos con dos derechos innatos: *1)* el acceso al potencial puro del que habla la física cuántica, en la que se plantea que todas las posibilidades existen en todo momento y están latentes para nosotros, por ello infinitas alternativas para vivir en amor radian a cada instante. Digamos que ahora estás frente a una situación en tu vida que te conflictúa. En el momento en que decides reaccionar de una manera determinada todas las demás posibilidades desaparecen, pero sólo en tu mente, no en el mundo exterior, y *2)* nacemos con semillas sembradas en nuestro corazón que desean florecer a lo largo de la vida y que representan nuestros sueños, talentos y conexión con la vida.

Todos tenemos un llamado al amor y podemos responder o no a él. Esta decisión dictará el rumbo y el sentido que le demos a nuestra vida. El ser humano busca pertenecer y sentir que su vida tiene un valor. Podemos buscarlo en lo material o en lo espiritual. La magia está en saber vivir partiendo de nuestra riqueza interior y así relacionarnos con el mundo inteligible.

De este modo, aquí aprenderemos a conquistar la vida a partir de quienes somos realmente y a reconocer que la vida nace de nuestra perspectiva, de los lentes con los que la vemos. La vida sucede primeramente en nuestro interior y después se refleja en el exterior, como una película proyectada.

¿Cómo vemos el mundo y qué es la proyección?

Cuando has ido al cine, ¿te has fijado en la luz que sale del proyector y se plasma en una pantalla blanca? Esta luz crea durante su proyección una historia que sin duda nos causa emociones y a veces hasta terror o llanto. Al apagar la proyección, sólo queda una pantalla blanca sin significado alguno. En ese momento nos queda claro que reaccionamos a una historia ilusoria que proviene de un proyector que en sí era luz pura. Así trabaja también el efecto de la proyección en nosotros frente al plano físico.

Todo lo que percibimos del exterior no tiene significado en sí mismo, ya que cada persona puede responder a eventos similares desde diferentes interpretaciones. Por lo tanto, una vivencia puede experimentarse de tantas maneras como personas en el mundo. Esto implica que el mundo que vemos *es* como la pantalla blanca. Nosotros, al observarlo, le proyectamos la conversación que llevamos dentro, y vemos reflejado fuera lo que nos decimos por dentro y adjudicamos al exterior nuestras creencias; después pensamos que la "realidad" no tiene nada que ver con nosotros. De esta manera, nos volvemos víctimas de lo que percibimos creyendo que tiene que ver con algo externo. Vamos formando un escenario que interpretamos a partir de nuestros significados, los cuales a veces están cargados de amor y en otras ocasiones de nuestros miedos.

En mi libro *El arte de conocerte* hablé con detenimiento de los pilares del ser, los cuales retomo ahora para explicar que son una construcción interior creada por influencias externas e internas que van formando nuestros lentes, o como diríamos en coaching MMK, nuestra visión del mundo, única para cada persona.

Las posibilidades de cada ser humano se amplían o se limitan en todo momento por los pilares que lleva dentro. La relación con nosotros, con otros y con la vida tiene más que ver con éstos que con el entorno. Los pilares son:

- influencia cultural
- pensamientos
- creencias
- emociones
- lenguaje
- declaraciones

Lo que nos ha sucedido desde hace ya muchos años como humanidad es que nuestros pilares han sido programados por una conversación basada en el *ego*, que es un sistema de creencias que parte del miedo; es la separación del amor en nuestra percepción. La falsa identidad de quienes somos realmente es lo que nos ha alejado de la unión con nosotros mismos y con otros y nuestro poder.

Lo primero que debemos preguntarnos es: ¿por qué veo las cosas como las veo, y para qué? ¿La forma en que veo esto está generando los resultados que deseo en mi vida? ¿Esta manera de percibir me invita a ser quien soy realmente, me lleva a la paz?

Formularse estas preguntas crea un punto de partida para entender lo importante de observarnos a nosotros mismos. Al modificar nuestras preguntas, abrimos el espacio para que las enseñanzas de este libro puedan entrar como rayos de luz en donde sintamos que hay oscuridad.

Ahora pregúntate:

- ¿Qué noto acerca de mí que es repetitivo?
- ¿Qué noto de algunos modos automáticos que tengo de reaccionar e involucrarme en situaciones que hoy me doy cuenta que no me funcionan para estar en paz?
- ¿Qué tipo de conversación interna creo y habita dentro de mí?
- ¿Cuál es mi conversación interna?
- ¿Qué es fácil ver para mí: miedo o amor?
- ¿Qué tiende a ser difícil para mí de reconocer o modificar?

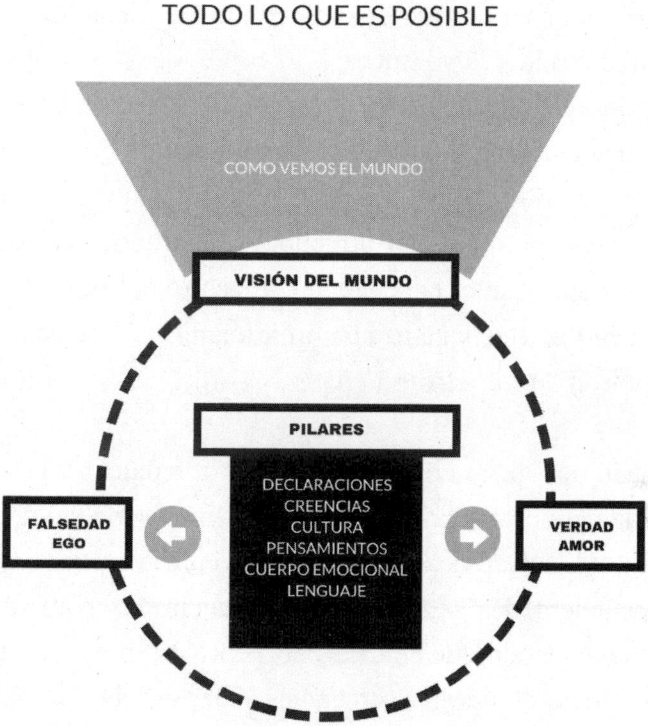

TODO LO QUE ES POSIBLE

COMO VEMOS EL MUNDO

VISIÓN DEL MUNDO

PILARES

DECLARACIONES
CREENCIAS
CULTURA
PENSAMIENTOS
CUERPO EMOCIONAL
LENGUAJE

FALSEDAD
EGO

VERDAD
AMOR

Figura 1.1. Visión del mundo

En la figura 1.1 vemos cómo funciona la construcción de nuestra visión del mundo a partir de los pilares que todos llevamos en nuestro interior, y que se vuelven los lentes que construyen nuestra particular visión del mundo. De acuerdo con ella, podemos apegarnos al amor, que representa todo lo que existe fuera de nuestras conversaciones limitantes, el Universo mismo, la Verdad, la Fuente, Dios, o la Conciencia y la unión con el Todo. Por otro lado, nuestros pilares pueden estar identificados con el ego, que es esa conversación que ha permeado en nosotros basada en el miedo y que iré explicando con más detalle.

Al margen de que existan muchas doctrinas para sanar, para mi sentir existe un solo propósito que puede hermanarlas, y éste es vivir en amor. El camino que te lleve a él no tiene importancia, lo principal es tener la voluntad.

Así pues, este libro es sólo un camino más, una herramienta que por sí sola no significa nada, como ninguna otra enseñanza; su valor existe si se utiliza como despertador a la vida. Te invito a leerlo permitiendo que toque aquello que tu interior ya sabe, pero ha olvidado. Cualquier enseñanza o maestro apunta a *tu* mente, que es en donde se encuentra tu limitación o tu liberación. Liberarte es volver a casa dentro de ti.

En muchas ocasiones en este libro haré referencia a la tabla de conciencia del doctor David Hawkins. Es muy sencilla: nos sugiere que nuestro estado de conciencia tiene calificaciones en nuestra frecuencia energética, según lo que nos decimos y cómo nos sentimos, reconociendo que en todo momento estamos en un estado de gracia, fuera de nuestras creencias y pensamientos limitantes. Podemos ver claramente cómo nuestro estado de conciencia baja a 20, que representa la vergüenza, cuando vivimos con creencias como: "Hay algo malo en mí, debo cambiar, no soy suficiente o no merezco"; lo opuesto sería la iluminación en que vivimos con la premisa de saber que somos uno con el Universo y con la verdad y la vibración es 1 000. Esto tiene que ver con lo que nos decimos y cómo actuamos, por lo tanto, con nuestro estado emocional.

Si nos hablamos a nosotros mismos desde el poder y el amor, vivimos en la Verdad, pero si nos atacamos y vivimos con inseguridades, en miedo, en defensa, ataque y juicios, debemos entender que estamos en conversaciones de falsedad que se pueden cuestionar. Hoy en día, como colectivo, la humanidad tiene una puntuación de 200, aún sin trascender el miedo, el ego, y por lo tanto estamos apenas por encima de la conversación de falsedad, ego o miedo, pues por muchos años hemos vivido regidos por el temor. Si en la tabla nos encontramos en un índice de 175 para abajo significa que estamos en actitud de autodestrucción y destrucción exterior.

Nivel de conciencia	Frecuencia
Iluminación	700-1000
Paz	600
Alegría	540
Amor	500
Entendimiento	400
Aceptación	350
Buena voluntad	310
Neutralidad	250
Valentía	200
Exigencia	175
Enojo	150
Anhelo	125
Temor	100
Sufrimiento	75
Desidia	50
Culpa	30
Vergüenza	20

VERDAD · contexto de maestría

FALSEDAD · ego

Figura 1.2. Tabla de conciencia del doctor David Hawkins

Muy pocos seres humanos viven en el nivel 600, que representa la paz. Según el doctor David Hawkins, una persona en paz tiene el poder de sanar a 90 000 personas a su alrededor, simplemente porque su estado de conciencia eleva el porcentaje en el colectivo, ya que todos unidos formamos una sola mente. Esto responde a lo que Mahatma Gandhi decía: "Sé el cambio que quieres ver en el mundo". Gandhi vivió en un nivel de 760, fue capaz de trascender como ser humano gracias a que vivió, según la tabla, en la Verdad, o según el contexto de maestría, por encima de la valentía.

Niveles verdaderos de la tabla de conciencia

Vivimos en la Verdad de la tabla de conciencia cuando, en vez de reaccionar desde pensamientos de miedo, culpa, exigencia u orgullo personal, actuamos desde el poder del espíritu que se expande. Éste será el parámetro para reconocer si triunfamos en la vida. Todos los aspectos de ésta deben ser vividos del 200 para arriba y este libro te abre la posibilidad de ganar en este extraordinario juego que es *vivir*.

Veamos ahora las premisas que evocan lo que llamamos verdad o contexto de maestría de la tabla anterior:

Valentía: Porque sabemos que podemos con lo que la vida trae y nos podemos hacer responsables de la relación con otros y de las situaciones que se presentan.

Aceptación: Porque sabemos que aceptar es el primer paso para agradecer, y es la postura que nos hace alejarnos de opiniones; aceptar nos invita a amar lo que es, a conectarnos con la vida.

Buena voluntad: Porque nos invita a tener la actitud necesaria para transformar todo desde la contribución.

Resolución: Porque reconocemos que para que exista un conflicto se necesitan dos, y para que haya claridad en una relación sólo uno debe vivir en claridad.

Amor: Porque el amor es lo que rige el universo fuera del plano material. En este plano el ego nos confunde, pero como es una capa ilusoria, podemos desvanecerla para relacionarnos con el orden del amor que nos brinda un profundo conocimiento en todo momento.

Paz: Es en donde termina y se funde todo conflicto, ya sea en este plano o en la dimensión más allá del plano físico. Todas las relaciones cesan en la paz. Es el principio y el fin siempre presente.

Iluminación: Soy la divinidad, la unión con todo, vivo entregado a este momento; confiar y amar son mis grandes propósitos.

Tus conceptos pueden cambiar, pero existe algo en ti y en todos los que te rodean que es permanente y esto es el amor puro, el que percibe la mente despierta y no identificada con lo aparente. Un día tenemos que elegir si somos nuestro cuerpo y nuestros comportamientos o somos algo más profundo. Esta decisión cambia todo ya que no podemos experimentar dos percepciones de manera simultánea. Al ver más allá de lo evidente comprendemos que el amor es poder.

Niveles falsos de la tabla de conciencia

Cuando vivimos identificados con el ego, cuya frecuencia es de 175 para abajo en la tabla de conciencia, el ser humano vive en *inconsciencia*, cree que el exterior lo define y vive la vida como víctima de sus circunstancias. Lo triste es que no creemos tener otra opción, vivimos impulsados por el miedo psicológico a partir de creencias. Algunas de las conductas de vivir así, son:

- Queremos tener la razón.
- Queremos adquirir cosas para identificar nuestra personalidad con ellas.

- Veneramos el cuerpo porque creemos que somos eso.
- Vivimos desde el miedo; sentimos ansiedad, depresión, culpa, etcétera.
- No nos sentimos suficiente.
- Nos obsesionamos con nuestros errores o con los de otros.
- Culpamos.
- No nos sentimos completos.
- Vivimos de falsas identidades.
- La personalidad nos domina.
- Vivimos en el hacer.
- Deseamos dominar a otros.
- Poseemos.
- Celamos.
- Queremos cambiar a otros.
- Anhelamos que las cosas sean diferentes.
- Tomamos las cosas de manera personal.
- Competimos y nos comparamos.
- Luchamos por no envejecer.
- Nuestra apariencia es de suma importancia.
- No cerramos ciclos.
- Creemos en la pérdida y la necesidad. Por ejemplo, sentimos que perdemos cuando se terminan relaciones, o termina una etapa o un ser muere, en vez de vivirlo como algo natural. O comenzamos a necesitar del exterior porque creemos en la carencia y en que debemos manipular para estar "bien".
- Necesitamos reconocimiento y aceptación.
- Nos quejamos y criticamos.
- Vivimos en apariencias.
- Intentamos impresionar al otro.
- Nos creemos superiores intelectual o moralmente.

- Hablamos constantemente de nuestros problemas o enfermedades.
- Vivimos en un mundo finito.
- Sufrimos.
- Dependemos de que otras personas hagan algo por nosotros, nos sentimos sin poder.
- Sufrimos por los comportamientos de otros.
- No perdonamos.
- No aceptamos.
- Vivimos la felicidad a través de placeres externos.
- Nos identificamos con lo temporal y no con la conciencia.

Éstas son las premisas de falsedad de la tabla:

Vergüenza: Vivimos con la creencia de que no somos suficiente y de que hay algo malo en nosotros.

Culpa: No puedo, por su culpa, por mi culpa; mi poder lo tiene algo o alguien fuera de mí; condeno mi comportamiento y el de otros. Vemos un valor en la culpa.

Desidia: Siento que nada vale la pena. Tengo depresión, parálisis, desmotivación, sarcasmo.

Sufrimiento: No tiene remedio.

Temor: No hay posibilidad de paz o amor.

Anhelo: Necesito que x pase para estar en paz o en amor. Es una premisa que te lleva al futuro.

Enojo: Lo que hice o lo que hiciste estuvo mal. (Viviendo de creencias.)

Exigencia: Tienes que hacer esto o aquello para que yo esté bien. (No aceptas, quieres cambiar a otros o el presente, o peleas con el pasado. Vives en la queja y crees que tu poder lo tiene algo fuera de ti.)

A partir de *valentía* comenzamos a despertar nuestra conciencia.

Si nos alineamos al ego, lo experimentamos como si fuera la verdad y reaccionamos ante los pilares (pensamientos, lenguaje, emociones, creencias, etcétera). Creamos nuestra experiencia de vida pensando que lo que vivimos no tiene que ver con nosotros, que las cosas *nos* pasan. Somos muy ciegos de nosotros mismos y no entender la función de cada pilar y alinearlo a nuestro poder nos lleva a tener una vida en la que el sufrimiento y la limitación es la norma.

Ahora, te invito a explorar estos pilares y a reconocer cuáles son los principales obstáculos que te limitan a vivir en tu mayor capacidad y en un estado de plenitud.

Vivimos en correlación con todo, porque absolutamente todo está conectado a nuestra percepción; nos relacionamos con el mundo a través de lo que *pensamos* y, por lo tanto, con lo que sentimos en cada momento, porque los pensamientos no vienen solos, cada uno nos hace sentir un puñado de emociones.

Por ejemplo, nuestra postura frente a la pareja, el dinero, la salud, nuestra paz interior, el sentido de posibilidad, nuestro cuerpo, etc., habla de nosotros y lo que llevamos dentro de manera consciente e inconsciente. Si queremos dar resultados óptimos en nuestra vida, el cambio no es afuera; de hecho, afuera no existe de manera objetiva, no podemos relacionarnos con nada salvo a partir de lo que pensamos y creemos de ello. Reflexiónalo... Reaccionamos a nuestros pensamientos, ya que lo exterior en sí no tiene significado inherente; por el contrario, cada uno de nosotros lo plasmamos según nuestros pilares, por ende, según nuestras interpretaciones.

Al vivir haciéndonos responsables de nuestra percepción, vivimos por encima de los juicios y reconocemos nuestra proyección. Por ejemplo, si veo dinero probablemente *no* veo un papel sin significado, sino que comienzo a proyectarle lo que pienso, lo que creo, lo que siento, lo que he aprendido, mi influencia cultural, mi historia familiar con el dinero, y todas las emociones que me causa esto. Acumulamos significado sobre significado y con toda esta conversación y emociones que se generan es con lo que nos relacionamos y no con un pedazo de papel sin significado en sí mismo, al que podríamos brindarle todas las posibilidades, amor y normas que decidiéramos en determinado momento.

Éste es el auténtico autoconocimiento: *saber quiénes somos realmente para acceder al potencial puro existente en todo momento*, del que habla la física cuántica y que explicaré más adelante.

Por lo pronto, exploremos con detalle los pilares de nuestro ser que se muestran en la figura 1.1:

Pilar - Cultura

La cultura es una conversación colectiva hecha de acuerdos de lenguaje acumulados por años y años que van de masivos a individuales. Unidos, crean los convenios de una persona, una familia, una comunidad, una ciudad, un país y, finalmente, de la humanidad. Esta conversación existe en nosotros de manera consciente e inconsciente, la heredamos de generación en generación de manera hablada y actuada. Construye las reglas sociales, creencias, leyes, religión, etc. Forma la cultura, las familias y los comportamientos individuales y colectivos.

Nacemos con la capacidad de ser creadores de los pilares de nuestro ser, libres. Pero nuestro entorno nos enseña a vivir de la forma en que dictan la sociedad y la familia en que nacimos. Durante nuestra infancia nos permea información que se establece dentro de nosotros y crea nuestra conversación interna.

> Nuestros padres, familiares, religión, escuela, comunidad, nos indicaron qué creer, cómo pensar y más adelante comenzamos a ser pensados y ser creídos de manera inconsciente por lo que se impuso en nosotros.

Los adultos que nos rodeaban, por medio de la repetición de normas, la proyección de sus miedos y condicionamientos de manera inconsciente, ya como una programación que también fue establecida en ellos, nos introdujeron día con día un diálogo en la mente. Así es como aprendimos mucho de lo que sabemos. Comprendimos una realidad aparente y comenzamos a reaccionar ante ella. Asimilamos cómo comportarnos en sociedad: qué creer y qué no creer, qué es aceptable y qué no, qué es bueno y qué es malo, qué es bonito y qué es feo, qué es correcto y qué es incorrecto. Todo ya estaba establecido: el conocimiento a inculcar, los conceptos y las reglas.

La conversación basada en juicios establece lo que en Occidente llamamos "mente dual", asentada en contrastes y que experimenta la vida a través de una mente analítica. Esta manera de pensar vive sembrada en la angustia, porque siempre puede haber algo mejor, más bello, más exitoso, etc., y podemos fallar al elegir en todo momento. La vida se lleva a cabo a partir de juicios basados en el miedo a equivocarnos. De esta manera, la mente dual vive separada de todo y de otros a través de los pensamientos, creyendo en la defensa y el ataque. Es en este espacio es donde nace la posibilidad del ego.

Los sabios griegos ya hablaban de él. Para ellos, el ego es una energía creada por nuestra conversación inconsciente que nos separa de nuestro ser esencial. Hay que observar esa conversación egoica para entender que es impostora, ya que nos engaña al representar el desamor; el poder de nuestra mente se utiliza en contra de nosotros y otros cuando sólo vemos defensa o ataque alrededor y no reconocemos que así destruimos o minimizamos nuestra esperanza y sueños.

Como ya dijimos, la conversación del ego siempre es falsa, pues se basa en el temor, y se vuelve un fragmento que se apodera de nuestra realidad espiritual. Recrea en nosotros un reino paralelo en el que nos percibimos como diferentes, especiales, justificándonos y manteniendo al resto del mundo a distancia. El motor del ego son el miedo y la culpa, y su reino es el cuerpo; dependemos de él y creemos que somos él. Muchos no nos reconocemos como seres espirituales y esto hace que veamos gran fragilidad en el vivir. Por ejemplo, cuando terminamos una relación o cuando estamos en conflicto con una situación y nos sentimos sin poder, esta mecánica mental hace que veamos a los otros como enemigos y nosotros nos ponemos en la silla más pequeña. Ahí nos desvalorizamos y asumimos posiciones de victimización. Esto es el ego en acción. Lo ideal es sólo tomar los hechos y hacerse responsable; por ejemplo, ante situaciones como: se terminó la relación, no aprobé el examen, o me despidieron del trabajo, lo ideal sería plantearte quién quieres ser frente a esto, reflexionar sobre qué aprendiste de esta experiencia, no defenderte ni justificarte, sino responsabilizarte. Mantener el lenguaje maduro, sin drama y seguir adelante con confianza total, sin culpar o culparte y entendiendo las vivencias como procesos también espirituales, o sea de crecimiento en nuestro camino de vida.

Desde la antigüedad, cuando el ser humano estaba más libre de prejuicios y conectado con la sabiduría interior y universal, se hablaba de *advaita*, una rama no dualista del hinduismo que afirma la unidad entre todo lo existente. Esta manera de percibir el mundo deshace el ego y nos conecta a otros, a nosotros y la inteligencia que nos rige, como unidad. En esta conexión reside nuestro verdadero poder.

Al indagar en nuestro interior hacemos consciente lo inconsciente, vamos evaporando y sanando la programación adquirida porque al fin reconocemos el valor de elegir nuestras creencias y pensamientos y no vivir en automático con la información impuesta por otros. También al soltar tantos prejuicios y maneras establecidas de ver la vida reconocemos que logramos vivir en humildad y vemos que esto nos da poder. Hoy en día la física cuántica, la cual propone un orden más allá de lo racional, reconoce la conciencia que gobierna la naturaleza y que, por ejemplo, se encarga de que una flor madure o que nuestro cuerpo sane. Esta comprensión se relaciona con un conocimiento fuera de los conceptos creados por nuestra cultura.

Asimismo, en la cultura oriental hablaban de un concepto que llamaban *maya*, que significa "ilusión", el cual hace referencia a que las cosas en el plano físico, como bancos, hospitales, eventos sociales, nuestro cuerpo, son *maya* o espejismo. Creemos que somos nuestro cuerpo, nuestros pensamientos, nuestros deseos, nuestras cosas y así sucesivamente. Pero todo esto es lo que los grandes sabios de la cultura veda en la India llamaban "el sueño". Pareciera que la vida es "yo y el mundo", pero esto es una utopía. Debemos entender que lo exterior se relaciona directamente con nuestra percepción y que muchas veces nos condicionamos y limitamos por creer que las ilusiones que vemos son "la realidad". Al invitar a nuestra conciencia como un testigo de nuestra vida (el "Yo" real en nosotros) nos permitimos vivir como una extensión de la inteligencia universal, y los asuntos del mundo los reconocemos como acuerdos que hemos hecho con otras personas sobre cómo organizarnos, y que muchos heredamos sin cuestionarlos.

Es interesante entonces reflexionar que el "yo" que pensamos que somos en el mundo del *maya* no es la última realidad o la verdad más profunda de quienes somos. Hay que plantearnos que somos también la sabiduría siempre presente. La personalidad con la que nos relacionamos con el mundo, la que creemos ser, el personaje que creemos que somos, por roles y etiquetas, es más bien una ilusión psicológica.

Los grandes místicos, como el Buda, a lo largo de la historia nos han enseñado a los que deseamos vivir enamorados de la vida a despertar del sueño de la dualidad, y nos recuerdan que el poder de Uno es el de Todos. Nosotros mismos hemos creado la separación por medio de nuestros pensamientos limitantes, y ya no lo recordamos. Muchos vivimos entregados al sueño, identificados completamente con nuestra personalidad y el mundo material. Esta identificación se hace engañosa porque a muchos nos criaron con el principio de *ver para creer*, que supone entender el mundo a través de los cinco sentidos. Desde esta postura llamamos "realidad" a lo que vemos, tocamos, sentimos, olemos, escuchamos o saboreamos. Es decir, lo real para nosotros es lo aparentemente concreto y lo que nos rige es la razón. Sin embargo, el dilema cuando vivimos en esta limitación es que dejamos fuera la conciencia y las infinitas posibilidades, que es en verdad la que está generando la realidad aparente; de esto aprenderemos más a detalle en el capítulo tres. En el principio de ser para ver, a través del espacio que no vemos pero que nos rige a nivel energético, llegamos a un punto de conocimiento que nos permite saber que lo que realmente somos a nivel más profundo lo manifestamos a través de nuestra imaginación y lo vemos plasmado en el plano físico. Piensa, ¿en dónde existía este libro antes de ser publicado? Todo nace primero en el plano de la conciencia o imaginación y después se plasma en el plano físico.

En muchas culturas, desde muy pequeños los niños compiten por crear una identidad "especial". Quieren agradar a sus padres, a sus profesores, a sus amigos. En efecto, la necesidad de atención y de construir un "yo" se vuelve prioritaria para el ego, ya que éste existe gracias a dichas identificaciones y muchos continuamos a lo largo de la vida añadiendo capas a lo que pensamos que somos, hasta que nos perdemos en ellas.

Cuando vivimos completamente identificados con el mundo del sueño, jugando roles, sólo somos 5% conscientes. El otro 95% de nuestra capacidad de vivir en presencia se pierde en la atención que ponemos en reafirmar nuestras creencias y prejuicios.

Muchos nacimos inmersos en una religión, en valores morales, en expectativas sociales y familiares. A muchos no se nos ofreció la oportunidad para elegir qué creer y qué no creer. No elegimos ni el más insignificante de los acuerdos a los que accedimos y que hoy conforman no sólo nuestra vida, sino también nuestro estado emocional. Almacenamos una forma de vivir, de pensar y de sentir por acuerdos inconscientes.

Miguel Ruiz le llama a este proceso "la domesticación de los seres humanos":

A través de esta domesticación aprendemos a vivir y a soñar. En la domesticación humana, la información del sueño externo se transfiere al sueño interno y crea todo nuestro sistema de creencias. El sueño externo nos enseña cómo ser seres humanos. Tenemos todo un concepto de lo que es una "mujer" y de lo que es un "hombre". Y también aprendemos a juzgar: nos juzgamos a nosotros mismos, juzgamos a otras personas, juzgamos a nuestros vecinos… Domesticamos a los niños de la misma manera en que domesticamos a un perro, un gato o cualquier otro animal. Para enseñar a un perro, lo castigamos y lo recompensamos. Adiestramos a nuestros niños, a quienes tanto queremos, de la misma forma en que adiestramos a cualquier animal doméstico: con un sistema de premios y castigos. Nos decían: "Eres un niño bueno", o: "Eres una niña buena", cuando hacíamos lo que mamá y papá querían que hiciéramos. Cuando no lo hacíamos, éramos "una niña mala" o "un niño malo". Al final, nos alejamos de nuestra autenticidad. Nos convertimos en una copia aparente de las creencias de mamá, las creencias de papá, las creencias de la sociedad y las creencias de la religión. En el proceso de domesticación, perdemos nuestras tendencias naturales.

La domesticación es tan poderosa que, en un determinado momento de nuestra vida, ya no necesitamos que nadie nos domestique. No necesitamos que mamá o papá, la escuela o la Iglesia nos domestiquen. Estamos tan bien entrenados que somos nuestro propio domador. Somos un animal autodomesticado. Ahora nos domesticamos a nosotros mismos según el sistema de creencias que nos transmitieron y utilizando el mismo sistema de castigo y recompensa. Nos castigamos a nosotros mismos cuando no seguimos las reglas de nuestro sistema de creencias.[1]

Entonces, aunque muchas de nuestras creencias y juicios nos causan sufrimiento, pasamos la vida sin cuestionarnos, y reafirmamos la desolación que causan muchos de nuestros pensamientos y la inseguridad a la que nos invitan a vivir.

Por este motivo, necesitamos valentía y voluntad para indagar y transformar lo adquirido a nivel cultural, porque, aunque sepamos que no elegimos mucho de lo que llevamos dentro, también es cierto que lo fuimos aceptando a nivel inconsciente. El acuerdo es tan fuerte, que incluso cuando sabemos que el concepto es erróneo, sentimos culpa o reprochamos y nos avergonzamos cuando actuamos en contra de esas reglas impuestas; de alguna manera sentimos que traicionamos lo correcto y la fidelidad familiar y social impuesta. Esta conversación ha sido para muchos nuestro juez interior. Nos enseñaron la dinámica mental en donde tenemos un juez interior que decreta, y una víctima interior que sufre la culpa y el castigo. Pero hay un camino fácil para llegar a la liberación, que es dejar ir al juez y liberar a la víctima interior. Así viviremos con una mente libre asentada en el amor.

Si observamos la sociedad, comprobamos que resulta complejo vivir en ella cuando creemos en todo lo que pensamos. En la actualidad y desde hace tiempo muchas de las sociedades están gobernadas por el sistema de creencias del ego basado en el miedo. Confiamos en lo que creemos y estas creencias nos engañan.

---

1   Ruiz, Miguel, *Los cuatro acuerdos*, México, Urano, 1997, p. 7.

Es como si viviéramos en medio de una bruma que nos impide observar más allá, y por lo tanto resulta complicado ver la posibilidad de nuestra libertad.

Hemos aprendido a vivir intentando satisfacer las exigencias de otras personas, miopes de la Verdad y en resistencia a la vida. Estar vivos en esta aparente realidad es nuestro mayor miedo. Vivimos según los puntos de vista de otros por *default*, con el temor a no pertenecer y con un instinto de sobrevivencia alterado que no hemos explorado. A veces creemos que sin la aceptación de otros podríamos *dejar de existir*.

Pero dejar morir a quien pensamos que somos con el fin de renacer sucede en muchas de las etapas de la vida, pues durante nuestro proceso de domesticación nos formamos una imagen mental de la perfección según las expectativas de quienes nos rodean. Así, hemos vivido en una lucha por tratar de ser lo suficientemente buenos y alcanzar lo establecido para complacer a los otros. Al no lograr esta "perfección" vivimos sintiendo que hemos fallado y nos rechazamos a nosotros mismos, sintiendo culpa por no ser quien creemos que deberíamos.

A veces es un reto perdonarnos cuando pensamos que hemos "fallado". En este proceso de culpa y vergüenza elaboramos las creencias madre, que son: "No soy suficiente, no soy importante, no merezco y cometer errores es malo", las cuales nos llevan a vivir en deterioro emocional crónico.

De esta manera vivimos y nos da mucho miedo que alguien descubra que no somos lo que se espera de nosotros. Lo irónico es que muchos estamos en el mismo juego de desvalorización.

Juzgamos a los demás según nuestra propia imagen de perfección, nos deshonramos a nosotros mismos sólo para complacer a otras personas. Incluso muchos llegamos a dañar nuestro cuerpo en el juego de la aceptación. Nos maltratamos y utilizamos a otras personas para que nos lastimen, ya que inconscientemente creemos merecerlo y ser castigados.

Pero nadie nos daña más que nosotros mismos; el diálogo interno que fomenta al juez y a la víctima, basado en el sistema de creencias del ego, es lo que nos lleva a hacerlo. El límite del comportamiento que aceptas de otra persona es exactamente el mismo al que te sometes tú. Si alguien llega a maltratarte un poco más, lo más probable es que te alejes. Sin embargo, si alguien se comporta menos agresivo de lo que sueles maltratarte tú, seguramente continuarás con esa relación y la tolerarás, ya que hace resonancia con tu interior.

En tus pilares has construido la idea de quién crees que eres, qué sientes, qué crees y cómo debes comportarte. El resultado es lo que llamas tu identidad. Un solo acuerdo no sería un gran dilema, pero tenemos muchos convenios no cuestionados que nos alejan de nuestro poder y de la gratitud de vivir.

¿Cómo podemos despertar del sueño?

Si somos capaces de reconocer que nuestra vida en muchas ocasiones está gobernada por nuestros pilares y el sueño de nuestra vida no nos gusta, debemos modificar lo que nos decimos. Cuando finalmente estemos dispuestos a conocernos, viviremos el cielo en la tierra.

Cada vez que sanas un pilar, todo el poder que utilizaste para sostener viva su falsedad vuelve a ti. Si estás dispuesto verás cómo la magia de la vida se rinde ante tu mirada. A veces no queremos sanar porque no deseamos responsabilizarnos de nuestro poder, de nuestros sueños, economía, independencia y salud emocional. Para algunos es más fácil escudarse detrás de sus justificaciones.

Fidelidades invisibles, la programación de falsedad en la tabla de conciencia

Existen lealtades que son una especie de "código" situado en lo más profundo de tu mente en forma de creencias, que al no trascenderlas te paralizan y limitan. Son una especie de contrato o acuerdo con el que nos sentimos comprometidos y que nos lleva a ser leales a un tipo de comportamiento no deseado.

Estos contratos no están en el plano de la conciencia, sino que los heredamos a nivel inconsciente y reaccionamos emocionalmente ante la programación de estas creencias. Sentimos que el incumplimiento de la lealtad adquirida implica ser rechazado, no ser querido o aceptado; también habla de la idea de ser traicionero, mala persona, no ser parte del clan. Significa, de alguna manera, la "muerte" de algo "importante".

Nuestro cerebro más primitivo nos dicta la orden de obedecer cuando la amenaza es ser expulsado del clan, lo vivimos como un instinto de sobrevivencia y esto nos siembra culpa.

Como dije, vivimos sólo 5% conscientes y 95% de nuestra vida está condicionado por nuestra programación de creencias y conceptos heredados.

Cuando no somos conscientes de que nos rige una programación y que ésta tiene una *resonancia*, quiere decir que todo lo que nos rodea hace eco con nuestras creencias y que éstas están condicionando las circunstancias de nuestra vida. Desde una visión dual, lo que te ocurre es en tu contra, por mala suerte, por un mal karma, pero en realidad mucho de lo que sucede en tu vida está en resonancia contigo, y esta resonancia está condicionada por tus pilares. Si no tomas conciencia de eso vas a luchar contra lo que está afuera y no solamente no va a desaparecer, sino que lo vas a hacer más fuerte. Recuerda que en lo que te enfocas se expande.

Por ejemplo, una estudiante durante una sesión del Proceso MMK (el método de coaching que aplicamos en el Instituto fundado por mí hace más de 12 años) accedió a una declaración que se hizo a los 20 años, en la que por ciertas vivencias de la infancia se dijo a nivel inconsciente: "Nunca me voy a casar, seré una gran profesional y no tendré hijos; amar es peligroso". Veinte años después resonó con hombres que no se comprometían; no consolidó una relación para tener hijos. En la sesión ella pensaba que esta vida le "había pasado", que de alguna manera había una falla en ella. Al hacer consciente lo inconsciente, incluyendo su conversación interna, se dio cuenta de que el exterior apareció alineado a lo que ella se dijo a nivel más profundo. *Abracadabra.*

Vivir sufriendo por lo que "nos pasa" es también una forma de expresión basada en una información que se encuentra en el inconsciente colectivo. Cuando operamos con ella y ésta nos domina, parece que ya no tenemos libre albedrío. Lo que sucede es que vemos nuestras conductas repetidas una y otra vez, y aunque por sentido común sabemos que no nos funcionan o incluso que a veces son destructivas, sentimos que no podemos cambiar, nos vemos envueltos en patrones y no sentimos poder. Percibimos el exterior bañado por estos programas y no nos es posible observar otras posibilidades. La lealtad a estos contratos hechos en nuestros pilares crea "ideas irracionales", resultados indeseados y comportamientos desajustados.

Las lealtades invisibles se pueden dividir en cinco categorías. Todas parten de la raíz del miedo y pueden transmitirse verbalmente o por ejemplo de vida:

1) Creencias de necesidad

La premisa es: si no consigues *x* en tu vida es peligroso; pero si fallas, es grave. Se conecta con un sentir de sobrevivencia, vida o muerte y exageración.

Ejemplos:
- *Si la pareja se va o es infiel, es causa de sufrimiento, pues con ella se va la felicidad.*
- *Si te expulsan de la escuela o te corren del trabajo tu vida será un fracaso.*

Se tiende a confundir la exageración con la realidad y pensar que sólo hay un camino y éste es el "correcto".

- *Es horrible que las personas te hagan esto... no deberían o sí deberían...*

Se juzga en exceso, se usan palabras de tono exagerado. Excluye la posibilidad de comprender que no hay modo de sanar lo categóricamente malo. Hay hechos con los que nos relacionamos y sufrimos o no según el tipo de intérprete que somos.

- *La soledad es insoportable.*

Creer que algo es el límite entre la vida y la muerte nos hace sentir agonizantes cada vez que pensamos en ello; consideramos que hay situaciones de las que nos debemos cuidar o no sobreviviremos. Eso nos lleva a quedarnos en relaciones no funcionales ya que la soledad, en este caso, se relaciona con la muerte.

- *Las cosas malas pasan y por lo tanto hay culpables y víctimas y el castigo es una manera de vivir.*

Estas creencias nos enseñan a juzgar y buscar culpables en quienes descargar la responsabilidad de lo que pase, o a culparnos a nosotros mismos, lo cual nos incita a vivir a la defensiva y a formar antagonismos en nuestra mente. Un mundo de buenos y malos.

2) Contratos emocionales

Los contratos emocionales nos atan con fuerza al pasado y fomentan las relaciones basadas en la dependencia emocional. Disolverlos es abrir al fin la puerta a la libertad de amar, con un nivel de conciencia superior.

Ejemplos:

- *No crezcas.*
  Este tipo de mensajes, proveniente de los padres, significa que existe una dependencia emocional de alguno de ellos. Esta creencia puede provocar que te mantengas en una edad emocional infantil para interpretar el rol acordado.

- *En esta familia creemos en o pertenecemos a...*
  Fidelidades que existen en tu familia a instituciones, religión, negocios, patria, partidos políticos, deportes, etc.; deslindarte de ellas se viviría como una traición al clan.

- *Estaríamos felices si te casaras con una persona con x características...*
  Nos apremian a formar relaciones que apruebe el clan.

Hay otros como:

- *La pareja es para toda la vida.*
- *Esa relación no te conviene.*

- *Hay una edad ideal para casarse y un número ideal de hijos.*
- *Sería mejor si estudiaras lo mismo que tu padre.*
- *Me gustaría que permanecieras en la casa y nos apoyes como nosotros lo hacemos contigo.*
- *Nos debes algo.*
- *No debes menospreciar lo que te hemos dado...*
- *Un buen hijo es...*
- *Debes hacer lo que yo no logré, o continuar con mi legado...*
- *Debes verte de cierta manera físicamente...*
- *No debes tener más éxito que...*
- *Ser famoso o exponerte es peligroso...*
- *Puedes hacer el ridículo...*
- *Qué van a pensar...*
- *No soportaría que no fueras el hijo que deseaba.*
- *Debes hacer lo que yo te pido o espero de ti.*

3) Contratos morales, creativos o sexuales

Estos contratos te atan con mensajes relacionados con expectativas, roles y lo que se requiere de ti en función de tu comportamiento.

Ejemplos:

- *El teatro, la pintura, la música, la escritura son una pérdida de tiempo.*
- *La mujer que expresa deseo sexual es una fulana.*
- *Un hijo decente o un buen hijo no hace...*
- *Un niño con moral se apega a las expectativas de los padres.*
- *Las personas que siguen sus impulsos acaban mal.*
- *A las personas que no siguen cierta moralidad se les mete el diablo.*
- *Si te equivocas serás condenado.*

- *Si te acuestas con muchos hombres nadie se querrá casar contigo.*
- *Hablar de sexo es sucio.*
- *Debes ser una persona de provecho.*

4) Contratos materiales-corporales-económicos

En estos contratos se establece la idea de pérdidas y de qué es el dinero para el clan. Según los conceptos de abundancia e imagen, tu identidad debe ser una extensión de las creencias del clan.

Ejemplos:
- *Eres idéntico a tu abuelo.*
- *No toques nada, que lo romperás.*
- *El dinero es el pecado.*
- *Nunca hay suficiente.*
- *Si das de más te quedarás sin nada.*
- *Más vale pájaro en mano que cien volando.*
- *Más vale malo conocido que bueno por conocer…*
- *Si te divorcias, quedarás en la calle.*
- *Si te vuelves artista, vivirás en la pobreza.*
- *Si te vuelves rico, nos alejamos de ti porque no entenderemos tu vida.*
- *El dinero es peligroso.*
- *El dinero cambia a las personas.*
- *Un hijo nunca debe superar a un padre.*
- *Si ya no sufres, ya no haré eco contigo.*

5) Contratos culturales o sociales

Estos contratos tienen que ver con la pertenencia. Es lo que te exige el clan para ser valorado por el exterior.

Ejemplos:

- *Debes verte joven.*
- *Debes de verte de cierta manera.*
- *Debes tener cierto peso.*
- *Debes comprar cierta ropa para pertenecer.*
- *Tú eres tu imagen.*
- *Debes tener éxito.*
- *Debes pertenecer.*
- *Debes tener redes sociales y cierto número de likes.*
- *Debes agradar.*
- *Debes comportarte según pide la sociedad.*
- *Debes ser popular o avergonzarte de ti.*
- *Debes buscar la aprobación de tus papás y maestros.*

Ahora que ya distinguimos las cinco categorías de las lealtades invisibles, hay que tener claro que cualquiera de estas exigencias sale del miedo o la necesidad de complacer a otros, lo cual baja tu vibración en la tabla de conciencia. Observa que el concepto de *exigencia* se encuentra en 175 puntos, está en falsedad y ego, por lo que vives de falsas identidades y creyendo que dependes de la aprobación y la aceptación de los otros para sobrevivir.

Cualquier acción que salga de una emoción de 175 para abajo en la tabla es más bien una reacción que nace del miedo, y la resaca que deja es un sentimiento de carencia y desconexión de nosotros mismos.

Es primordial recordar que no estamos en el mundo para realizar los sueños de nuestros familiares, o de otros, sino para respetar los nuestros. Esto es brutalmente necesario para encauzar nuestro destino, tal como nos dice Heidegger (filósofo alemán), quien explica que la labor como seres humanos es conectar con nuestra autenticidad y vivir en sintonía con ella. De lo contrario, vivimos una vida por *default*, dormidos.

Hay que observarnos, tomar conciencia de estas conversaciones y liberarnos de ataduras emocionales que tienen que ver con la deuda y la culpabilidad.

A veces la oveja negra de la familia es la que marca el camino que nos permite a muchos en el clan romper cadenas emocionales. De modo que no sólo lo hace para él, sino también para sus hijos y próximas generaciones. Al eliminar la programación, permitimos la salud emocional y la libertad para vivir las experiencias pendientes. Es un proceso que todos debemos observar, para que nuestra vida no quede suspendida en una inmadurez en todos sentidos.

Para identificar las lealtades invisibles reflexiona sobre el siguiente supuesto:

Cuando CREO que debo hacer algo y me impulsa la culpa estoy operando desde la programación.

- En el fondo lo hago sin honrarme, no es lo que me hace feliz.
- Siento culpa, por lo tanto culpo a otros, a mí y a las circunstancias.
- Cuando vivo por cumplir me desconecto de mi poder interior, de los deseos de mi corazón, mi creatividad e intuición. Mi vibración es baja porque en la tabla de conciencia vibro en 30 (culpa). Por lo tanto, manifiesto en el exterior más de lo que no deseo.
- No me responsabilizo por mi vida y mi felicidad.

En cambio, cuando SIENTO que quiero hacer algo opero desde mi autenticidad.

- No hay culpas, hay entusiasmo.

- Se rompen las cadenas internas, respetas a otros y a ti mismo.
- Pones límites asertivos, maduras.
- Ves los obstáculos como oportunidades de aprendizaje.
- Te vuelves responsable y el arquitecto de tu vida.

Las creencias de falsas responsabilidades

Pregúntate si te sientes con la obligación de resolverles la vida a tus amigos, hermanos, padres, pareja, hijos o familiares. ¿Crees que eres responsable de la vida de otros? Si tu respuesta a alguna de estas preguntas es sí, es probable que el síndrome de falsa responsabilidad esté activo en ti. Un ejemplo de esto es la persona que se siente con la obligación de ser el fuerte, el protector o el rescatador de la familia. Sabemos que este síndrome está activo en nosotros cuando nos nombramos los héroes y nuestra misión, autoimpuesta, es rescatar a otros. O cuando operamos desde culpas, al creer que debemos algo.

Esta dinámica también nos lleva a sentir que obtenemos algo, como ser reconocidos o necesitados. Ser los aparentes héroes de los demás nos puede dar cierta gratificación instantánea; el problema es que el síndrome en todas ocasiones viene acompañado de culpa. Experimentamos resentimiento o culpa, pues creíamos que había algo que reparar o remediar cuando en verdad no lo había. Cuando vivimos en culpa nos autocastigamos y pedimos demasiado de nosotros mismos, damos por obligación, lo cual nos lleva a sentirnos inadecuados, insuficientes o en constante enojo.

Algunas veces dejamos de tener una vida propia cuando ponemos las necesidades de los demás antes de las nuestras. Creemos que rescatarlos es un acto de amor; sin embargo, puede ser que este acto esté impidiendo su desarrollo. Paralizamos en ellos la posibilidad de que encuentren la forma de ganar su propio dinero, de que se desarrollen emocionalmente y de que hallen su propia realización. Esta dinámica encadena a los demás, pero también nos inmoviliza a nosotros mismos.

Cuando la creencia está activa en nosotros sentimos ansiedad, nos hace sentir que estamos fallando o defraudando a los demás. Nos pone en una posición de culpa que nos lleva a ser sumisos y complacientes, pero en el fondo se vive coraje y frustración. Vivimos con una constante deuda imaginaria y regalamos nuestro poder. A pesar de que vivir así es desgastante y nos paraliza, no frenamos el comportamiento cuando éste se vuelve algo familiar. Muchos lo vivimos como una fidelidad invisible adquirida desde la infancia. Aparentemente el enojo que crea esta dinámica es con otros, pero en realidad es con nosotros mismos por no ponernos límites y ser claros. La mancuerna perfecta es la persona que no se hace responsable de su vida.

Es común que los niños desarrollen estas creencias cuando se les otorgan responsabilidades propias de un adulto, como cuidar a otros, cuando se les evalúa con estándares de perfección o cuando los culpamos o les exigimos que sean de determinada manera. También cuando un padre es emocionalmente inmaduro o no se responsabiliza de su vida, pues es un mecanismo para mantener a los hijos cerca.

Un ejemplo de cómo podemos activar esta dinámica de falsa responsabilidad es diciéndole a un niño que él es el responsable del divorcio de sus padres o de los sentimientos de sus amigos y hermanos. Supongamos que el padre de una familia muere y alguien le dice al niño: "Ahora tú vas a ser el hombre de la familia. Tú vas a ser el responsable de cuidar a tu mamá y a tus hermanas porque eres el único hombre en la casa".

¿Estás listo para liberarte y triunfar en el juego de la vida? El primer paso a la liberación es que estés consciente. Las tres preguntas clave para formularte cuando te sientas responsable son:

1) ¿Quién me lo pidió?

2) ¿Quién espera que lo haga?

3) ¿Yo me lo voy a agradecer?

Es aquí cuando el poder de decir que no o de negociar entran a la ecuación. El segundo paso es darte cuenta de que todo esto es tan sólo una acumulación de enredos imaginarios, pues viven en tu imaginación. La base es la falsa creencia de que eres la persona que se tiene que hacer cargo de los demás. Debes incluirte en la ecuación de servicio y protección. Recuerda que tú no eres responsable por lo que el otro adulto sienta o decida hacer con su vida. Regresa a ti. Hazte cargo y responsable de tus emociones, de tus pensamientos y de tu estado de conciencia. Decir "no" en muchas ocasiones es vivir en tu poder. Pon límites que se alineen con el propósito de vivir en amor. El último paso es darte el regalo del autoperdón. Perdonarte es clave. No te quedes inmerso en la historia, hazte responsable de tus acciones de ahora en adelante. Deja ir el resentimiento, perdona tu pasado. Recuerda que perdonar es simplemente deshacer los juicios frente a una situación o persona. No estás en deuda con una cuenta impagable. Las acciones y decisiones que tomaste en el pasado fueron las mejores que podrías haber tomado en ese momento; hoy tienes la opción de comportarte desde tu contexto de maestría de acuerdo a la tabla de conciencia.

Al tomar el camino de la liberación, otros pueden resistirse porque les incomoda que confrontes su sistema de creencias en el que tienen depositada su identidad y la dinámica contigo. Pero tu responsabilidad es amarte para amar a los otros, y si no te respetas los culparás y tú decidirás volverte su víctima; con ello vendrá el enojo.

Por un tiempo sentirás la culpa de decir que no y de poner límites, pero es importante que aprendas a vivir con esta incomodidad hasta que se disuelva y se rediseñe la relación. La única manera de amar a la familia y a los demás es amándote y sanando tu interior primero.

Pilar - El lenguaje

El lenguaje crea la manera en que experimentamos nuestra realidad; es mucho más que una herramienta de comunicación. La palabra lenguaje proviene del latín *logos*, que significa categoría o concepto. Con el lenguaje categorizamos, distinguimos y creamos el mundo; en última instancia, lo percibimos de acuerdo a nuestro lenguaje. Nuestro estado de conciencia en la tabla sube o baja según nuestro lenguaje; tal es el poder que tiene.

Todos vivimos por default en un estado de gracia. Lo que nos decimos define cómo experimentamos la vida. Podemos vivir en un lenguaje que reconoce la unión de todo, o vivimos en un lenguaje que separa, señala, exagera, critica y convierte tu percepción en dual, lo que significa que crees que las cosas te pasan, pero más bien lo que pensamos y creemos es con lo que nos relacionamos.

No vivimos nuestras conjeturas como supuestos, las vivimos como "la forma en que *son* las cosas". Somos seres lingüísticos y vivimos y experimentamos la vida en el lenguaje. Se dice que vivimos dentro del lenguaje, con el lenguaje y para el lenguaje. Está a nuestro alrededor en todo momento, pero la mayoría de nosotros no hemos evaluado este hecho y lo que implica.

La palabra es el dominio que tienes para crear, y a través de ella expresas tu potestad. La palabra manifiesta todo; tu intención se manifestará a través de lo que dices. No es sólo un sonido o un símbolo escrito: la palabra es poder, es la potencia que tienes para crear, sentir y construir la realidad.

Una de las principales irresponsabilidades que cometemos con la palabra es crear una conversación basada en temor en nosotros, que nos lleva a percibir un mundo en el que creemos estar separados de la unión con el Todo, cuando en realidad la experiencia humana está sucediendo en la mente. Cuando escuchamos a otros reaccionamos; lo que nos decimos de los demás y lo que vivimos nos conduce a sufrir o a liberarnos. Vivir a partir de la conversación de unión o de separación hace dos experiencias de vida completamente diferentes. El mundo dual es la distorsión y la gran mentira, el virus transmitido a través del lenguaje de esta época en la humanidad. En esta dualidad se crean los antagónicos, los enemigos, los buenos, los malos, la competencia, el ataque, la defensa y la desconexión con un presente que observamos amenazante.

Desde que somos muy pequeños estamos inmersos en una conversación egoísta que distorsiona la manera en que nos relacionamos con nosotros mismos y con el entorno.

La premisa de la separación es que el mundo está en contra mía, y la de la unión es que yo soy la realidad última y el mundo depende de lo que yo piense, juzgue e interprete de él. Esto sucede por mi elección y a través del lenguaje.

Para que el mundo exterior exista depende de que yo le dé un significado, esto es muy importante de comprender porque cambia completamente la manera en que podemos sanar la mente.

Una de las distorsiones que genera la idea de la separación es que crea el concepto del ego que, como he dicho, es una conversación interior que nos pone unos lentes con los que percibimos un mundo separado del amor y de ti. Estos lentes crean una conversación en la que vive el miedo. Como todas las conversaciones, ésta tiene un tipo de energía, y una vez que la echamos a andar no quiere morir. Como todo elemento energético contiene un componente de sobrevivencia. Nuestra labor es ser suficientemente conscientes para ver que nosotros mismos construimos la energía que está alrededor de la conversación del ego basada en nuestros miedos.

La misión es volver a la nada, al amor, al origen, a la verdad, transformando esta energía de vuelta a lo que somos: conciencia. Para esto se necesita *ser* conscientes, porque una vez que echamos a andar la cosquilla del drama, del sufrimiento y de la separación hay una adicción y una identidad que se alimentan de ésta.

Por ejemplo, la confusión comienza para el ser humano cuando empieza a pelear con un hermano, y empieza a fabricar una historia cargada de juicios, creencias y pensamientos, fundamentos en los que cree tener la razón. A lo mejor desde un punto de vista social y moral la tiene, pero la razón no es lo mismo que *la Verdad*, pues ésta vive en la unión. La verdad y el amor son la última realidad.

En la *razón* estamos en el mundo humano, analítico, y en la *Verdad* estamos por encima, en el mundo de la conciencia. Es tu lenguaje el que te llevará a vivir en uno o en otro. Dependerá de quién crees ser: una personalidad o un ser conectado con el Todo.

Al no parar de pensar en tus historias y contarlas una y otra vez a otras personas te sostienes creando una energía de vibración baja, de culpa, exigencia y anhelo, basada en tu triste historia, y de ese tamaño te comienzas a ver a ti mismo.

El pleito junto con toda su carga emocional crece como bola de nieve. Esta energía destructiva aumenta porque tú lo permites, porque la fomentas, porque la confundes con *la Verdad*. Si viniera alguien de fuera y pudiera sacar de ti esta conversación, amanecieras con amnesia y nunca más pudieras volver a pensar y a creer lo que has decidido pensar y creer de tu hermano, ya no estarías enojado con él. Abrirías nuevas posibilidades para ti, para él y para la relación: a eso se le llama perdón, la voluntad de deshacer los juicios fabricados para unirnos a la verdad.

Es común que una conversación se vuelva adictiva, porque en sí no has entrenado a tu mente a reposar en otro lugar más asertivo. La solución a cualquier conflicto está en donde inició: *en tu mente.*

Como ya vimos, estas conversaciones conflictivas las hemos heredado desde una edad temprana, viven inmersas en nuestra cultura. Desde niños permea la idea de crear una identidad fuera de nosotros, porque como el ego no tiene identidad, no sabe quién es, no sabe amar, no conoce nada, no tiene soluciones, y fomentamos la idea de la separación en la que creemos que la vida sucede en el plano físico, por lo que aceptamos creer que fuera de nosotros es donde encontraremos la realización.

Muchos nos vemos a nosotros mismos faltantes, como seres sin recursos, y por lo tanto creemos que fuera podemos encontrar una personalidad que nos defina, en donde podamos pulir y mejorar; creemos que existe un gurú que nos rescatará, una pareja que nos hará sentir completos, ropa que definirá nuestro estatus, profesiones que nos harán sentir importantes.

Lo que otros piensan se vuelve importantísimo porque según este referente nos valoramos, y creemos que es con dichas referencias que medimos cómo estamos haciendo la labor de existir.

Desde esta perspectiva comienza a ser muy importante quién creo ser frente al mundo, las redes sociales, el qué dirán, el miedo a errar y la búsqueda de aprobación. La depresión y la ansiedad se vuelven los acompañantes de esta ruta.

Por creer que existes a través de los otros, buscas el amor fuera de ti, así como la idea de quién debes ser. Una vez que vas acumulando estas identificaciones se van volviendo capas que te alejan de ti. Crees ser estos personajes, estos roles, por ejemplo: soy la mamá, soy la esposa, soy la maestra… y estas representaciones empiezan a ser de gran importancia.

Al vivir así, la energía se te va en sostener las exigencias que imponen estos roles, en una lucha por convencer al exterior de que eres importante, de que vales, de que eres bueno en lo que haces, o buena persona. La conversación egoica se ofende fácilmente si hay una crítica porque siente que su valía está en lo que hace y no en sólo ser. Viviendo en este lenguaje siempre hace falta algo, siempre hay algo más que conquistar. La ley del ego es buscar, pero no encontrar, porque en realidad lo que te promete encontrar está dentro de ti, y siempre lo ha estado. Has vivido sentado en el tesoro sin saberlo.

Otra de las premisas de vivir en separación es que creemos que sólo lo que vemos es real, cuando uno de los principios de la física cuántica es que la conciencia es la única realidad. Dependemos del mundo material que, como ésta nos explica, es simplemente una ilusión. Lo que se ve como fijo en la realidad son electrones que tienen espacio entre ellos, y si nos acercamos a ver con un microscopio vemos que lo que existe como aparentemente sólido es realmente espacio vacío. Entonces, tratamos de manipular y controlar el plano físico (el vacío) para obtener algo que creemos necesitar.

Entre más nos perdemos en la conversación de las necesidades del ego, construimos más inseguridades y decepciones. La manera de salir de esta confusión es darnos cuenta de que el mundo no está separado de nosotros, desintegra la crítica, los juicios, la idea que tienes del exterior para deshacerla.

Para evaporar esa conversación y dejar de buscar, comienza a sentir la plenitud de tu interior, comprometiéndote a vivir en valentía, en aceptación, en buena voluntad frente a lo que estés experimentando en este momento. El presente ya nos da todo lo que necesitamos, lo que requiere de nosotros es el aprecio. Recuerda que triunfar va de la mano con erradicar toda percepción de carencia.

Muchos de nosotros, por no decir la mayoría, no utilizamos el lenguaje de una manera eficiente con el fin de que se alinee a la verdad y a nuestro poder. Usamos palabras que nos condicionan, limitan y describen una realidad distorsionada. Es complejo transformarnos con el fin de producir resultados diferentes cuando ni siquiera podemos ver lo que generamos a través de las palabras que elegimos. Cuando vivimos en la observación de nosotros mismos es que nos volvemos conscientes del papel que tiene cada palabra en pintar el mundo para nosotros y en invitarnos a experimentar emocionalmente la vida; así, logramos dar un paso importante en nuestro despertar.

El primer paso: "darte cuenta"

Ahora bien, uno de los propósitos de este libro es sacarnos por un momento del lenguaje y mirar lo que hacemos con él. La idea es crear opciones con el lenguaje que nos permitan construir diferentes formas de abordarlo, diseñar conscientemente una gama más amplia de elecciones. Es cuando prestamos atención a nuestro lenguaje que abrimos la posibilidad de modificarlo para elevarnos en la tabla de conciencia. Entonces, la danza cambia, iniciamos nuevos pasos que aplicamos de diferente manera en nuestras relaciones, y todo se acomoda en nuestra vida reorientando nuestra energía y haciendo posible la sanación. Absolutamente todo se transforma cuando comenzamos a mirarnos detenidamente con los ojos de la verdad o del amor.

¿Has puesto atención detallada a esa voz interna dentro de tu cabeza, la cuestionas o tomas por bueno todo lo que te dice? Esa voz interior es la que construye conversaciones, historias, ideas y está en todos nosotros. Lo interesante es que, si no la observamos al punto de desarmarla, nos influye en la forma en que interactuamos con otros, en cómo nos sentimos y cómo actuamos en la vida. Quiero hacer hincapié en que siempre estamos danzando en el lenguaje, y por ende, con los otros, y que no es posible cambiar a otros seres humanos, pero sí es nuestra labor amarlos porque así nos amamos a nosotros mismos.

¿Quieres cambiar tu relación con alguien? Cambia tu conversación interna con esa persona.

Nuestras relaciones con los demás están íntimamente conectadas con el tipo de conversaciones que establecemos con ellos, estén o no estén, vivan o no, pues mantenemos una relación en nuestra mente a partir de lo que *pensamos* de ellos. Esto significa que las relaciones no caducan y que lo que nos hacemos sentir, lo que decidimos pensar, ya sea bello o destructivo, tendrá un impacto en nuestra relación con nosotros mismos, con otros y en nuestra frecuencia emocional.

Al final, las relaciones las vivimos dentro de nosotros en todo momento para bien o para mal. Es necesario ser conscientes de que las "malas" relaciones existen en la mente y suceden a partir de tus juicios de ellas. Si vieras los impuestos que esto cobra en ti, serías mucho más selectivo de lo que decides cargar en tu energía. Esto no quiere decir que las personas a veces tengan comportamientos que no funcionan para ti. Pero ante esto ponemos límites y nos retiramos con un corazón en paz. Elegir cargar un corazón en guerra por los actos de otros es un masoquismo innecesario.

Consideremos esto: ¿alguna vez le has dicho a alguien "estoy desesperado, no sé qué hacer con *x* persona, porque me enoja, confunde o entristece"? ¿Qué significa esto? En realidad no se trata de *cambiar al otro*, más bien es saber *qué* me conviene pensar o decir para que el poder regrese a mí. La pelota vuelve a tu cancha.

No saber qué hacer es una idea que parte de la premisa de que para que tú seas feliz o estés en paz, algo fuera de ti tiene que cambiar, te enfocas en el control y sufres porque no está en tus manos que el otro cambie. La forma en que establecemos nuestras conversaciones internas y externas está íntimamente relacionada con los resultados que obtenemos de ellas.

Exploremos esta idea: ¿cuánto tiempo dedicamos a tener diálogos internos que en realidad no llevan a soluciones sino a un conflicto interior?

Contemplando esta pregunta está claro que nuestras conversaciones internas tienen un impacto en nuestra productividad, relaciones con los otros, emociones y los resultados de nuestra vida.

Ahora veamos los cuatro principios en los que se puede resumir el lenguaje:

1) Vivimos en el lenguaje en todo momento.
2) El lenguaje es generativo y creativo en vez de pasivo y descriptivo.
3) El lenguaje es acción. Hablar es actuar.
4) A través del lenguaje podemos hacer consciente lo que era previamente inconsciente.
5) El lenguaje rige muchas de nuestras emociones.

Como seres humanos vivimos en relación con eventos y personas, ya sea en tu casa, escuela o trabajo y cuando estamos solos. Sin embargo, la reciprocidad con este aparente exterior es una conexión realmente con lo que "pensamos", y por lo tanto sucede lo siguiente:

1) Creamos una historia —que es la suma de pensamientos— acerca de una situación. (Mi interpretación que habla de mis pilares.)

2) Sostenemos la historia como verdad. (Lo que quiero ahora es tener la razón de lo que pienso.)

3) Nos olvidamos de que inventamos la historia y ahora "somos" ella.

La historia que creamos es sólo una interpretación, una narrativa, una explicación de algo que creemos que pasó. Pero esta narrativa se vuelve un obstáculo, pues vivimos en el lenguaje, y cuando no vemos que lo hacemos, comenzamos a vivir la historia como "la verdad absoluta" y nos perdemos en las ilusiones de la mente. Cuando caemos en esta trampa, lejos de querer dejar ir la historia, la repetimos a otros para buscar que nos den la razón y reforzar nuestras opiniones con las ajenas.

Los hechos son neutrales, la explicación no es neutral y vive por debajo de exigencia en la tabla de conciencia.

Es importante comprender que los hechos son neutrales, es decir, los hechos *son*. No tienen un significado en sí, sino que cada persona les adjudica un decir según sus pilares. No son ni buenos ni malos, sólo son. Algunos ejemplos de hechos pueden ser: el dinero, una casa, una herencia, otra persona, una enfermedad, la muerte, un negocio, la escuela, la familia, un choque, la vida, tu profesión, etcétera.

Recuerda que a los acontecimientos de la vida les adjudicamos nuestra visión del mundo para bien o para mal.

Piensa en alguien que ha tenido una vivencia similar a la tuya, pero su desarrollo de la historia, interpretación o creencia acerca del mismo *hecho* ha sido diferente y, por lo tanto, ha quedado en su poder. Aquí el factor crucial es observarnos y ser conscientes, lo cual nos facilita trascender la programación de creencias y pensamientos para liberar nuestro mundo interior, con interpretaciones de poder y posibilidad.

Existen dos tipos de intérpretes:

1) Aquellos cuyas interpretaciones o explicaciones de los hechos los dejan por encima de *valentía* en la tabla de conciencia, y por lo tanto *no* se desasocian de su poder interior. Las soluciones siguen dentro de ellos y no son víctimas de algo exterior. Aquí estamos en un punto de expansión y crecimiento.

2) Aquellos que llegan a conclusiones de los hechos que los dejan en exigencia, culpa o anhelo de que las cosas fueran diferentes, lo cual nos saca del presente, sin poder, en miedo y limitación; sería lo que en la tabla llamamos falsedad. Aquí estamos en un punto de contracción y parálisis al creer que la liberación está en manos de alguien o algo. Y si se propone lo contrario, defendemos nuestras razones, sacamos evidencias y defendemos nuestras posturas, aunque éstas destruyan la posibilidad de nuestra salud interior.

Algunos ejemplos de palabras de bajos niveles de conciencia son:

- Control
- Herida
- Falla
- Pérdida
- Maltrato
- Engaño
- Rechazo

- Traición
- Intimidación
- Humillación
- Negación
- Abandono

Si a estas palabras les añades el reflexivo "me", por ejemplo: "Me abandonó", automáticamente escuchas que los actos de otro fueron dirigidos hacia ti. Lo tomas personal. Qué tal mejor decir: "Se fue". Esa frase queda en el territorio del otro, se neutraliza, y abre la posibilidad de que los actos de otros no te definan.

El lenguaje es acción; hablar es actuar

Una vez que te encuentras en la verdad o contexto de maestría, o por encima de *valentía* en la tabla de conciencia, es importante que tu lenguaje con otros sea una extensión de tu poder interior, que uses el lenguaje para poner límites, para decir "no", para diseñar tu vida y para crear acuerdos poderosos. Cuando cumplimos con nuestra palabra aprendemos a confiar en nosotros mismos, nos volvemos claros, salimos de excusas y justificaciones que tanta confusión provocan. La manera de conseguir esto es a partir de los cuatro actos de lenguaje que veremos a continuación, los cuales nacen del poder que tenemos de honrar la palabra, pues *qué es un ser humano, sino la palabra misma.*

Actos de lenguaje

Pedir

Es increíble, pero muy pocos sabemos pedir (pedimos poco, mal, sin claridad, a las personas incorrectas y con preguntas indirectas). El resultado es recibir lo que no nos funciona. Pedir es un arte: a la persona adecuada, lo que necesitamos, para una fecha concreta y la cantidad correcta. Puede ser dinero, comida, compañía, apoyo, límites, concluir algo, cómo nos queremos relacionar, etcétera. No aprender a pedir nos debilita, nos confunde y complica a quienes nos rodean. En el pedir vive la abundancia. Las relaciones florecen cuando somos asertivos con las peticiones.

Para ello, primero hay que tener claridad sobre lo que queremos, y, después, acudir con preguntas directas a las personas adecuadas que puedan cumplir nuestras peticiones. Muchos de nosotros no pedimos porque le tenemos miedo al *no* y al rechazo, o a que nos digan que no somos merecedores de lo que pedimos.

Por lo general escuchamos el "no" con un complemento:

No, *porque tú no eres suficiente.*
No, *porque no eres capaz.*
No, *porque no mereces.*

Dejamos de pedir cuando *no* significa, según nosotros, una afirmación que nos culpabiliza de no ser aquello que soñamos y que además *ya somos*. Pero lo que debes tener en mente es que el *no*, no significa nada; que cuando alguien te dice que no a algo no debes tomarlo personal: *el "no" se dirige a la petición, no a ti como persona.*

Por el contrario, la honestidad del *no* te permite moverte de lugar para abrir una nueva posibilidad probablemente a alguien o algo que a la larga estará más alineado para ti. Cuando esperas que otros definan tu valor al darte un *sí*, sigues en la creencia de que otros deben darte permiso para vivir tu vida. Es en las peticiones donde vive la posibilidad de diseñar tu vida, de construir tus sueños y de manifestar tu destino.

Las peticiones son para ti mismo, para otros y para el universo. Aprende también a decir que *no*. La negación es lo que te permite vivir con integridad y así, cuando des un *sí*, lo comuniques desde tu autenticidad y puedas estar en presencia. Lo que hagas por cumplir o por fidelidades invisibles lo cobrarás en tu estado de ánimo y en tus relaciones porque te llevará a la culpa, que está en la vibración 30.

Entonces, cuando pedimos debemos estar abiertos a tres respuestas: sí, no y negociar.

Prometer

Cuando el otro te ha dado un sí, te mueves hacia la promesa. Las promesas que te hagas, lo mismo que las promesas que los otros te hagan, tanto en lo profesional como en lo personal, deben ser claras, congruentes con tus propósitos, y las dos partes deben estar de acuerdo en qué, cuándo, cómo y dónde.

¿Están tus promesas habladas? ¿Te parece claro qué has prometido y qué te han prometido? Para que una promesa genere futuro ambas partes tienen que tener claros estos elementos:

> Cuándo…
> Cómo…
> Dónde…
> Qué van a manifestar…

Lo que prometes y lo que te prometen se vuelve realidad. Las promesas son una manera de esculpir el futuro con los otros; ahí radica su poder.

Por ejemplo, es común que al pedir algo nos contesten: "Para principios del año entrante", pero pasan los meses y aquello que pedimos no llega. Vivimos pensando que los acuerdos están ahí. El lenguaje se vuelve vago cuando no somos efectivos con él; para que éste sirva como una herramienta de creación, los acuerdos tienen que estar claros y definidos en ambas partes para que se manifiesten en el futuro. ¿Qué vamos a manifestar con esta promesa? Fecha, hora y lugar. Si prometemos, pero el otro no cumple, hay que poner límites. Podemos decir algo como: "Teníamos este acuerdo, pero no lo cumpliste, por lo tanto, por el momento prefiero no crear más acuerdos contigo hasta que estemos alineados en la importancia de cumplir la palabra y tengamos los mismos objetivos".

Declarar

Cuando declaramos, esculpimos identidades y definimos posibilidades. Nosotros creamos la realidad a través de las declaraciones. La relación que tenemos con los demás, con el mundo y con nosotros mismos cambia antes y después de una declaración. La declaración crea nuevas posibilidades para que algo distinto surja, sin necesitar ninguna evidencia.

En el Proceso MMK convertimos una declaración en un propósito de vida. Nos comprometemos a vivir en contexto de maestría, como se ve en la tabla de conciencia, y a apegarnos a una declaración, es decir, a la palabra. Yo, por ejemplo, decidí declararme ser paz. Mi declaración es: "Yo soy paz". Así que, independientemente de las circunstancias, yo declaro en el presente y transformo mi energía hacia la paz. Ese poder tienen las declaraciones al honrar la palabra.

A lo largo de la vida hemos hecho un sinnúmero de declaraciones o acuerdos, ya sea con el entorno o con nosotros mismos. Hemos declarado quiénes somos, hemos declarado que somos capaces de hacer unas cosas y otras no, también declaramos lo que es posible en nuestra vida y lo imposible de vivir.

Declarar es el acto lingüístico más poderoso que existe. Su cualidad es crear el futuro. Es una manifestación que concluye o inicia algo en tu vida. Por ejemplo: "Los declaro marido y mujer" es un acto lingüístico que tiene el poder de cambiar el pasado y el futuro. Una declaración cambia la manera en que nos relacionamos con nosotros mismos y con el entorno.

Observa estos ejemplos:

- No voy a poder…
- Nunca podré ser feliz…
- Las personas nunca aprecian lo que soy…
- Es muy difícil…
- Es muy complicado hacer dinero…
- Se necesita de una pareja para ser feliz…
- Siempre estoy deprimido…
- Nunca estaré contento con mi cuerpo…
- Siempre me haces enojar.

En las declaraciones anteriores hacemos algo muy común con el lenguaje limitado: usamos absolutos como siempre, nunca, todos… que crean fronteras para experimentar un lenguaje neutral. Además, en estas frases declaratorias salimos al mundo a constatar cómo aquello que declaramos es "la verdad". Salimos a querer tener la razón.

Si, por ejemplo, declaro: "La relación con mi hermana es muy complicada", saldré a evidenciar cómo es complicada mi relación. La mente busca que el exterior respalde nuestras declaraciones y lo que contradiga la declaración ni siquiera lo *vemos*.

¿Puedes encontrar en ti declaraciones vivas que hoy esculpen tu realidad, que te cierran posibilidades de ver mundos y personas desde una percepción más neutral y amorosa?

Se requiere mucha energía para que las declaraciones permanezcan vivas. Un ejercicio esencial es que explores cuáles de tus declaraciones viven aún en ti y que hagas unas que te honren como ser humano.

Tomemos en cuenta que:

- Una declaración no tiene que sostenerse por una evidencia.
- Una declaración define nuestra personalidad, en qué contexto vivimos y, por lo tanto, determina nuestras circunstancias, lenguaje y objetivos.
- Con las declaraciones abrimos y cerramos posibilidades, resolvemos problemas, nos movemos de dirección, creamos algo que hasta ese momento no existía.
- Creamos la realidad exterior e interior por medio de lo que declaramos.
- Declarando esculpimos identidades, definimos posibilidades y creamos la realidad.
- La relación que tenemos con los demás, con el mundo y con nosotros mismos cambia antes y después de una declaración.
- Tu ser está construido de declaraciones; todo lo que dices acerca de ti lo has declarado.
- El exterior hace resonancia con tus declaraciones. Son como un imán: atraen las experiencias que se alinean con lo que has declarado.

Si te gusta lo que estás creando en tu vida, tus declaraciones funcionan, pero si no estás pudiendo concretar metas o resultados importantes para ti, es necesario evaluar qué declaración está en juego y replantearla o eliminarla.

Las declaraciones son muy evidentes cuando las comenzamos a ver reflejadas en el exterior; de alguna manera pintan el escenario de nuestra vida. Lo que distinguimos acerca de nosotros y la realidad se define por lo que hemos declarado. Si, por ejemplo, reconoces que a lo largo de tu vida no has podido consolidarte económicamente, repasa cuál ha sido tu historia con el dinero y cómo lo interpretaste de pequeño; lo más probable es que esta energía esté bloqueada por una declaración del pasado, por ejemplo: "Es muy difícil hacer dinero" o "Nunca tendré suficiente" o "Es peligroso tener dinero", etcétera. Es importante echarles luz a las declaraciones para sanar y transmutarlas a la neutralidad, con el fin de romper patrones. Asimismo, es interesante observar la vida desde este punto de vista; entender cómo una declaración crea tus resultados.

Declaraciones funcionales son:

- Sé que voy a poder.
- Voy a encontrar la paz en esta situación.
- Lo voy a lograr.
- Yo puedo con esto…
- Yo soy uno con el poder universal.
- Mi mayor deseo es poder vivir en la Verdad…

Aseverar

Lo único que se puede aseverar son los hechos. Aseverar es afirmar algo que puedes respaldar con una evidencia, es afirmar la verdad absoluta, *el hecho* y no lo que *piensas* acerca de algo. Lo que sucede con las aseveraciones es que las usamos para reafirmar nuestros juicios. Aseveramos sobre lo que otros piensan o hacen, sobre creencias y circunstancias; lo hacemos constantemente. Éstas son muletas del lenguaje que se anclan en la falsedad, de tal suerte que nos relacionamos con ellas justificando ataques y venenos emocionales, confundiendo los hechos con nuestra interpretación.

Aseverar es una trampa, pues proponemos algo partiendo de la base de que estamos en una verdad absoluta. Hacer esto debilita nuestro lenguaje. Nuestra actitud se vuelve destructiva cuando aseveramos nuestros juicios y pensamientos, ya que creemos que partimos de "la única verdad". Muchos vivimos sumergidos en aseveraciones que nos ha transmitido la cultura a través de la familia o la religión, y que hemos tomado como la verdad.

Sin evidencia, vivimos pensando que esas aseveraciones son la realidad, sin darnos cuenta de que esto cierra posibilidades en nuestra vida. Decimos: "Eso es terrible..." o "Las mujeres no pueden lograr eso", "Mi abuelo es un egoísta", "La vida es injusta". En estas frases nos queda claro cómo aseveramos y confirmamos una serie de ideas de manera absoluta que en nuestra mente se convierten en obstáculos para mirar los hechos y a otros.

¿Te das cuenta de cómo aseverar sin conciencia puede limitar en gran medida tu campo de acción? ¿Reconoces qué aseveraciones están activas en ti? ¿Puedes identificar de qué manera se manifiestan en tu realidad?

El lenguaje hace visible lo invisible

Con el lenguaje traemos nuevos mundos y nuevas posibilidades a nuestra vida que antes no estaban visibles. Por ejemplo: digamos que salgo al jardín de mi casa en la noche y veo un cielo claro con estrellas brillantes de diferentes tamaños; al día siguiente me encuentro con un amigo aficionado de la astronomía y le comento acerca de la noche anterior; comienza a decirme que las estrellas que vi son planetas y tienen diferentes colores y una historia particular y que el brillo representa lo que cada una es. Por supuesto, la noche siguiente no veré sólo estrellas brillantes, veré diferentes colores y apreciaré los planetas y cualquier cambio en el tamaño y color. El mundo ha cambiado a partir de la conversación que tuve con mi amigo porque me generó "distinciones lingüísticas", que es lo mismo que nuevos conocimientos, que generarán más posibilidades que no existían anteriormente. Esto sucede a través del lenguaje.

Estas *distinciones lingüísticas* nos permiten mirar con nuevos ojos y ver algo donde antes no podíamos observar nada nuevo, ya sea en el trabajo, hogar, salud, en cómo interactuamos, en nuestros cambios emocionales, conversaciones, etc., lo cual trae un profundo impacto en nuestra felicidad, equilibrio, productividad, mayor capacidad de acción; nos empodera para crear lo que queremos para nuestra vida gracias a ver más allá de lo que veíamos. La clave está en darnos cuenta de que es a través del lenguaje que ampliamos la visión. Por ejemplo, con este libro, a través de nuevas distinciones (nuevos conocimientos), adquirimos habilidades para alcanzar resultados deseados. Regresando al ejemplo del dinero, si obtenemos más distinciones o conocimiento operativo de este tema, podríamos conquistar una relación sana. Una persona abundante tiene muchas distinciones del dinero que a lo mejor nosotros no tenemos. En pocas palabras, a través del lenguaje accionas lo que requieres y eliminas lo que te estorba.

Pilar - Pensamientos

Como dijo Pierre Teilhard de Chardin en su libro *El fenómeno del hombre*: "Hoy en día existen pruebas irrefutables de que la humanidad acaba de empezar el mayor periodo de cambio que el mundo haya conocido alguna vez. Los males que padecemos han tenido su asiento en la base del pensamiento humano".

Así pues, los pensamientos son el puente que traduce la vida para nosotros. Es cierto que la vida es lo que es a partir de lo que pensamos de ella y que la calidad de nuestros pensamientos determina nuestra experiencia de vida.

Una de las principales enseñanzas que nos permite conquistar la mente es dejar de ser víctimas de todo lo que sucede a nuestro alrededor. Lo primero que tenemos que saber es que los pensamientos son los que crean nuestro sufrimiento. Como nos dice la autora Byron Katie: "Un día descubrí que cuando creía en mis pensamientos sufría, pero que, si no los creía, el sufrimiento terminaba. Esto aplica a todos los seres humanos. Por lo tanto, el sufrimiento es opcional".

Una persona en paz es simplemente alguien que sabe la diferencia entre la realidad (que es lo que *es*, lo que tienes en frente) y lo que *piensas* de la realidad. Las personas se vuelven sabias y serenas cuando no creen que las cosas deben ser diferentes a como son.

Si estás incómodo emocionalmente en este momento da un paso atrás a tus pensamientos y reconoce esta molestia como una alarma; explora en tus pensamientos, si es algo con lo que te peleas, con lo que es… o estás en un pensamiento del pasado o del futuro. De esta forma reconoces automáticamente que el pensamiento no es verdad. Sólo es verdad lo que está frente a ti en este momento, todo lo demás son suposiciones. Esta conciencia te abre el camino a la tranquilidad. Mi realidad ahora es estar acostada, escribiendo en Chicago. Así de simple, así de feliz.

Cuestiona cualquier pensamiento o evento mental que pueda desequilibrarte, cualquier cosa que cause una reacción en ti que signifique una disminución de tu paz y tu gozo. Si te vuelves alguien que en este momento quiere lo que es, recuperas tu poder. Vivir fuera de tus pensamientos te revela que puedes amarlo todo, tal y como es.

Para resolver esto es importante dejar de culpar tus circunstancias y mirar dentro de ti. Cuando reconocemos que en gran medida somos responsables de nuestros mayores sufrimientos, podemos entonces comenzar a ajustar los pensamientos a la realidad para crear los cambios necesarios y volver a la paz.

La gran mayoría de los pensamientos son falsos; al reconocerlo nos iluminamos ante ellos. Hay pensamientos que pueden señalar a la verdad, pero nunca *serán* La Verdad. Cuestionar e indagar acerca de los pensamientos es un acto consciente de evaluación para decidir si éstos son funcionales para ti o no.

Una inmensa liberación surge cuando verdaderamente reconocemos que no somos la voz que habla en la cabeza. Pero entonces, ¿quiénes somos? Somos quien observa la realidad, el espacio que surge dentro de uno. Somos la presencia que precede al pensamiento y que observa cómo surge este último. Cuando reconocemos que pensamos es porque estamos despertando a nuestra conciencia, lo que abre la posibilidad de ver que el pensamiento es ajeno, que hay una dimensión más profunda dentro de nosotros.

Quien no ha reconocido semejante cosa es gobernado necesaria-mente por su mente y vive en el infierno de los pensamientos no funcionales y falsos, una confusión que recibe alrededor de 60 000 pensamientos por día (¡uno por segundo!), 95% de los cuales son recurrentes día a día.

La mente es como una grabadora que se repite sin parar, y lo más inquietante es que las estadísticas muestran que 80% de es-tos pensamientos no son funcionales, lo cual implica que 45 000 de ellos son pensamientos que nos limitan. Más sorprendente aún es que, en su gran mayoría, estos pensamientos son falsos.

Nuestra mente recibe los pensamientos basados en historias, memorias, experiencias, creencias, compromisos, promesas e ideas. Los pensamientos son energía que fluye a través de noso-tros. Nadie tiene la exclusiva de ellos. Por ejemplo, pensamientos como "estoy gorda" o "no valgo lo suficiente" entran y salen, pero habrá quien los suelte y habrá también quien se identifique con ellos, provocando que los pensamientos gobiernen su realidad.

Si creemos en un pensamiento que genera miedo, empeza-mos a experimentar temor. En el instante en que ponemos nues-tra atención en este sentimiento, él mismo nos lleva a tener más pensamientos que refuerzan esta energía, y eso desencadena la liberación de compuestos químicos en el cerebro que causan una respuesta emocional. En un instante podemos encontrarnos in-mersos en un círculo vicioso en el que nuestros pensamientos generan emociones y éstas, más pensamientos. Desde esta per-cepción nuestros pensamientos son la causa en el cerebro, y las emociones, el efecto en el cuerpo. Juntos toman el dominio de nuestro diálogo interior y de nuestro estado emocional.

Es muy importante tener conciencia de lo que pensamos y decidir cuáles pensamientos queremos hacer nuestros y cuáles no. Nosotros tenemos ese poder.

Creer en todo lo que pensamos es la manera más inconsciente de relacionarnos con nosotros y con otros.

¿Cuál es la mayor trampa de los pensamientos? Creer que tenemos la razón y, probablemente, desde un punto de vista moral y social la tenemos, pero cuestiónate:

- ¿Quién te dice que tienes la razón, te lo refuerza tu medio ambiente?
- ¿Tener la razón te cierra posibilidades?
- ¿Al sostener esta idea quién triunfa: tu ego o la paz?
- ¿Para qué quieres conservar esta idea?
- ¿Cómo te sentirías si ya no pudieras pensar esto?
- ¿Qué prefieres: tener la razón o ser feliz en este momento, que es el único real que existe en tu vida, el eterno ahora?

Puedes reconocer que vives en la identificación de tus pensamientos, creyendo que tú eres esa narrativa, o crear presencia en este momento y darte cuenta de que eres el testigo de los pensamientos, que hay una dimensión mucho más profunda en ti. Además, todos tenemos los mismos pensamientos en China, Japón, India, Panamá, etcétera. Es una conversación colectiva que nos visita a todos. Al vivir a merced de lo que nos brindan sin cuestionarnos, vivimos en piloto automático, siguiendo lo que dicta la voz imparable de la cabeza. La mayoría de las personas le teme al silencio, pero es ahí donde está la llave para entrar al reino de la verdad. Permitir espacios en tus pensamientos es el camino a la paz.

Estar en silencio

Los monjes budistas y los yoguis se sientan en silencio para conectarse con su verdadero ser, con la inteligencia mayor, con el fin de encontrar paz interior, escucharse y vibrar en frecuencias más altas. Dedican tiempo a la contemplación porque comprenden que estar preocupados no resuelve las situaciones. Saben que lo que pasa en el mundo está en un orden más allá de la percepción y reconocen que las respuestas acertadas vienen de un lugar de conciencia.

De esta forma, desasociarte del mitote mental que no te funciona te permite percibir desde otro espacio. Al practicar el silencio te darás cuenta de que la mayor verdad vive fuera de tus pensamientos y concluirás que *no soy esto, y no soy aquello.*

¿Entonces qué soy? *Soy amor, soy servicio, soy conexión, soy libertad,* SOY EL MOMENTO PRESENTE.

Pilar - Creencias

Las creencias se establecen en nosotros desde muy pequeños y se convierten en la forma en que construimos nuestra identidad, en la plataforma para entender la vida y desde donde tomamos o dejamos de actuar o reaccionar.

Aunque nuestras creencias son sólo una fuente desde donde operamos, para nosotros se vuelven "la forma" única de vivir, sentir y observar el mundo al no cuestionarlas. Al reforzar nuestros sistemas de creencias a lo largo de la vida, se convierten en nuestra verdad, lo que comienza a limitar nuestras posibilidades. Vemos

20% con los ojos y 80% con lo que creemos. Las redes neuronales que crean nuestras creencias son las que dan significado a lo que vemos. Por lo tanto, reafirmamos los patrones mentales que limitan ver todo lo que es posible fuera de nuestros paradigmas. Explorar nuestras creencias es imprescindible, porque definen la forma en que nos desenvolvemos en el mundo. A través de las "suposiciones" que generamos, actuamos, elegimos y producimos determinados resultados para nuestra vida.

Algunas creencias recurrentes pueden ser:

- No voy a poder.
- No soy atractivo.
- Eso es muy difícil.
- Nadie me quiere.
- Nada es justo.
- A mi edad es imposible.
- No lo merezco.
- Todo es inútil.

> Nuestras creencias no son permanentes ni para siempre.

Por otra parte, el término *cambio de paradigma* se utiliza para describir el movimiento de un paradigma hacia otro o simplemente soltar la creencia, disolverla. El cambio de conciencia, de aprendizaje o experiencia que genera "dejar caer" un modo de ver cosas es lo que permite nuestra transformación. Las creencias no son buenas ni malas, correctas o incorrectas en sí mismas, ya que ninguna en sí es la verdad. Debemos observar si éstas nos funcionan o no para estar en paz, si es que la tranquilidad es nuestro mayor objetivo. Nuestra verdadera libertad está por encima de cualquier creencia. Algunas son más eficaces que otras para alcanzar ciertos resultados y por ello debemos usarlas como herramientas, pero no para que nos definan.

La mayoría de nosotros sostenemos nuestros sistemas de creencias de forma automática y los defendemos apoyándonos en bien o mal, correcto o incorrecto, buscando tener la razón, sin verificar qué impuestos nos cobran en nuestra persona o en nuestras relaciones, sin reconocer que estas posturas benefician al ego cuando en realidad creemos que nos dan identidad o son quienes somos.

Pregúntate:

- ¿Qué pasaría si empezaras a soltar tus ideas para vivir en mayor expansión contigo y con otros en vez de caer en la tentación de etiquetar y calificar como bueno o malo, correcto o incorrecto?
- ¿Qué pasaría si te cuestionaras desde la humildad, dispuesto a bajar la guardia con el fin de ser más amoroso en tu interior?
- ¿Qué pasaría si hoy dejaras de ser quien has creído toda tu vida?
- ¿Qué pasaría si soltaras las creencias de que tienes que cambiar, mejorar o ser alguien diferente a quien ya eres para agradar, complacer o recibir la aprobación externa?
- ¿Qué pasaría si hoy reconocieras que no tienes que cambiar a otros para ser feliz?
- ¿Qué pasaría si tus creencias se alinearan con el amor y la aceptación de ti y de este momento tal y como está?
- ¿Qué posibilidades de acción, y, por lo tanto, qué resultados obtienes de ver las cosas de una manera o de otra?

Podemos vivir con muy pocas creencias para permitir que la vida sea más espontánea, para no vivir de dogmas mentales, sino de la conexión con el universo y su eterna sabiduría. Muchos vivimos como robots que operan sin mayor conciencia sólo porque heredamos un modo de pensamiento que, al no cuestionarlo, nos limita y nos condiciona.

Es importante en este punto reflexionar en la idea de que no hay ningún significado inherente o verdadero en el mundo: sólo existen interpretaciones, las cuales son una forma de distinguir algo fuera de nosotros.

Salimos al mundo y vemos gente que habla y actúa, y eventos que suceden, pero nunca hemos pensado en el significado de estos comportamientos o eventos. ¿Has visto alguna vez a una persona atractiva? No, sólo has visto a una persona que tú interpretas como atractiva. El ser atractivo no es una cualidad inherente a las personas.

Al etiquetar la vida por medio de creencias sumamos interpretaciones que van definiendo cómo entendemos el mundo. Cuando etiquetamos a alguien como atractivo otros se vuelven feos, y así comenzamos a crear un mundo de contrastes, comparaciones y con la posibilidad de fallar. Esto sucede debido a una confusión mental que creemos que ocurre fuera de nosotros, porque compartimos estas creencias con otros, pero no por ello es la verdad ni es funcional. Cuando vivimos defendiendo las creencias dejamos de agradecer.

> Las creencias son interpretaciones basadas en la observación de los hechos.

En el momento en que nacemos somos potencia pura, y al ser energía nos gobierna un campo de infinitas posibilidades, como nos explica la física cuántica. No entramos en este mundo etiquetados con un tipo específico de creencias y patrones; somos conciencia y somos autores de nuestra creación, pero muchos lo olvidamos. La relación con uno mismo se forma desde temprano, en la infancia, por lo cual las creencias que moldean quienes creemos que somos son las más influyentes en determinar la forma en que experimentamos el mundo.

En el espacio de potencia pura que somos agregamos el entorno en donde nos desarrollamos, nuestras circunstancias y la influencia de los otros. Así es como comenzamos a crear distinciones acerca de lo que experimentamos, y con esas distinciones nos relacionamos, *no con lo que es real.*

Cuando expandimos nuestro aprecio, generamos nuevas conexiones sinópticas. Entre más opciones abrimos acerca de algo, más capacidad tenemos de equilibrarlo y neutralizarlo, porque somos más conscientes de la verdad más profunda para experimentarlo. Es gracias a las nuevas distinciones que transformamos y enriquecemos nuestras experiencias, pero sólo es posible si soltamos nuestras creencias limitantes.

Cuando no aprendemos de nuestra relación con las experiencias, éstas no cambian. En estos casos percibimos el exterior con los mismos circuitos neuronales (creencias) con los que hemos percibido el mundo por años.

Muchos no sabemos que al modificar las creencias se abre la posibilidad de vivir en paz. Es decir, si no le prestamos atención a algo nuevo, esto no existe para nosotros, pero en cuanto aprendemos nuevas posibilidades, somos conscientes de nuevas opciones y más las comprendemos.

El sistema de creencias basado en el ego, el miedo, la limitación, en el que muchos fuimos criados, arroja tres creencias madre que tienen paralizado mucho de nuestro potencial. Revisa si crees en alguna de ellas:

1) No me lo merezco, no importo. Yo no soy lo suficientemente bueno. No estoy bien…

2) Equivocarse y cometer errores es malo.

3) No soy suficiente.

Cuando vivimos creyéndolas, fomentamos la idea de carencia y nos alejamos de la realización personal presente. Vivir en estas conversaciones fomenta el abuso de sustancias, vivimos en constante depresión, ansiedad y miedo. Muchas personas piensan que estas ideas no son creencias, sino que son la "realidad", cuando simplemente son manifestaciones del ego.

Recuerda que en este caso usamos el término *ego* para definir quiénes somos (ya sea una colección de creencias, emociones o comportamientos que utilizamos para identificarnos a nosotros mismos y distinguirnos de los otros). El ego es cuando nos relacionamos con nosotros y los demás a través de juicios y no desde el amor, sin reconocer que un juicio no es más que una creencia.

Tu ego no es quien eres, por lo tanto, sólo es quien a veces crees ser. En realidad, eres conciencia conectada con el Todo y con todos, eres el creador de tus creencias, formando conclusiones acerca de ti mismo. Cuando éstas te limitan y te infunden miedo, la idea de separación, la defensa y el ataque, es porque te has confundido y estás operando desde tu ego y tus creencias aceptadas son el puente para caer en dicha confusión.

Reflexiona:

Cuando dices que crees en algo y lo vives como la "verdad", esta idea se convierte en una impresión de verdad acerca de la realidad que moldea tu comportamiento y tus emociones. Cada una de estas creencias sirve como una caja que limita y determina un particular comportamiento que es *posible* para ti. La real fuente de muchas de las creencias es la interpretación que hicimos de las circunstancias que rodearon la niñez.

La fuente de creencias limitantes no son "las experiencias vividas en la niñez", sino las creencias que te formaste y que siguen operando en ti.

No sólo las creencias determinan tus conductas, sino que también provocan cómo experimentas emocionalmente las cosas. Para lidiar con la incómoda sensación que causan las creencias que nos alejan del amor, muchos nos embarcamos en los siguientes comportamientos:

- Consumir alcohol, drogas, comida o cualquier sustancia como forma de cubrir las emociones que provocan las creencias que nos atacan.
- Atacarnos y atacar al otro compulsivamente.
- Pensar que necesitamos de otros o de una pareja para estar completos.
- Pensar que hay una mejor versión de nosotros en un futuro: más delgados, más atractivos, más preparados, más sabios, más iluminados, etcétera.
- Tener la idea de que al conseguir algo vamos a sentirnos bien acerca de la persona que somos.
- Desarrollamos estrategias de supervivencia que son creadas

en la niñez, a través de la observación de lo que pensamos que necesitamos para sentirnos bien, importantes, merecedores, o para enfrentar la vida. Las estrategias de supervivencia son comportamientos que elegimos por asumir creencias madre como "no soy suficiente".

Por ejemplo: los papás de Verónica hacen un marcado hincapié en pertenecer a determinado grupo social; creen que eso los define y que es muy importante lo que otros piensen de ellos. La creencia de sobrevivencia es: "Debo impresionar a otros para sentir que valgo". Erróneamente, creemos que algo fuera nos dará la satisfacción que sólo encontraremos dentro y alejado de nuestras creencias. En este caso, Verónica concluye que para sobrevivir en el mundo una de las maneras de lograrlo es ir en busca de constante reconocimiento y luchar por la aprobación externa.

Para quienes viven con la creencia de supervivencia de que "ser atractivo te hace aceptable", la mayor parte de la vida gira en torno al físico y todo lo que esto implica, llamando la atención y buscando la admiración de los otros, lo cual conlleva a vivir en sentimientos de carencia.

Lo que sucede una y otra vez con estas estrategias es que creemos depender de algo exterior: una conducta o nuestro físico, así nos perdemos en el exterior y caemos en el juego de una búsqueda que no termina. Vivimos con dependencia al físico, a cierto éxito o resultado, y si no hemos construido vida interior, vivimos dependiendo de las ilusiones externas.

Una consecuencia de vivir con creencias de supervivencia es que en lugar de vivir placenteramente y hacer cosas porque quieres, actúas desde el miedo y la inseguridad.

Muchas personas con creencias de desamor son visiblemente exitosas en el exterior, pero están sometidas a un juego en el que la persona cree compensar la baja vibración de sus creencias con su vida exterior y su imagen. Por ejemplo, muchos creemos que: "Lo que me hace valer es obtener resultados".

Las creencias de sobrevivencia nos impulsan a ir en busca de más resultados y necesitamos más de *eso* para cubrir la creencia de que "no soy importante", cuando en realidad los resultados pueden ser un producto natural de hacer lo que amamos.

Elimina tus creencias y abre posibilidades

Cuando somos capaces de eliminar las creencias que poseemos y que nos restringen, creamos nuevas alternativas para la relación con nosotros mismos, con otros y con las acciones que tomamos. Fuera de las creencias tenemos el potencial para descubrir soluciones que funcionan para las situaciones que vivimos, que antes no existían. Al cuestionarnos, nos salimos del sistema de creencias en el cual vivíamos, y de la victimización, que es la idea de falta de poder. Cuando nos sentamos en la silla de la víctima lo hacemos a través de nuestras creencias y le damos nuestro poder a algo fuera de nosotros. Al tomar la responsabilidad al cien por ciento, reconocemos que fuera de las creencias podemos crear algo nuevo, y que no somos nuestras circunstancias.

Las creencias más importantes a eliminar son:

- Las creencias madre que analizamos anteriormente. (No soy suficiente o merecedor, no valgo y equivocarme y cometer errores es malo.)
- Las que te dan falsa identidad.
- Las del pasado y futuro, ya que no son reales y te sacan del presente.
- La de que necesitas algo fuera de ti para amarte.

- La de que no eres un ser completo.
- La de que alguien te va rescatar.
- La de que necesitas el permiso de otros para vivir tus sueños.
- La de que otros están en tu contra.
- La de que es válido vivir en el miedo.
- La de que eres tu cuerpo o tu físico.
- La de que necesitas "su" amor.
- La de que debes ser alguien.
- La de que necesitas que alguien cambie o haga algo para que seas feliz.
- La de que en el éxito vive la felicidad.
- La de que el universo es peligroso o malo.
- La de que el planeta y otros no te quieren.
- La de que debes complacer ideas sociales para pertenecer o algo malo va a pasar.
- Las que te alejen del amor por ti y por otros.
- La de que lo que crees ver afuera no tiene nada que ver contigo.

¿Qué otras creencias añadirías a esta lista?

El juego de tu diálogo interno

Supongamos que no estás satisfecho con tu vida. Quieres vivir algo nuevo. Comienzas a buscar por todas partes, pero a pesar de tus intentos no encuentras nada. Puedes frustrarte, y tu diálogo interno podría concluir algo como: "No hay nada para mí". Observa cómo esa respuesta contrasta con otro ejemplo de una mentalidad muy diferente:

Imagina que un joven en la India está en la misma situación que tú. Acude con un monje para encontrar la solución. El monje sabe que la respuesta está dentro del joven, y no en el exterior. No plantea algo como: "No hay oportunidades para él", porque sabe que las hay. El estado de conciencia del joven es lo que le impide abrir más posibilidades. El joven, de manera inconsciente, limita su visión. Por lo tanto, el monje cuestiona al joven para traer a la luz lo que cree, pues es lo que se refleja en la aparente realidad externa.

Cuando te encuentres mirando el mundo exterior y digas: "Allá fuera no hay nada para mí", regálate la oportunidad de mirar dentro de tu ser y pregúntate: "Si no veo nada allá afuera, ¿qué creo dentro de mí?". Debemos examinar nuestro diálogo interno para descubrir en dónde podríamos estar bloqueando el flujo de energía consciente.

La práctica de un diálogo interno sustentado en creencias amorosas y expansivas es extremadamente poderoso. Tener este tipo de conversación nos ayuda a movernos en la dirección correcta, ya que promueve el desarrollo interior. Así, vives libre de limitaciones y en todo momento estás conectado a la sabiduría siempre presente. Tu ser existe en plena realización en todo momento.

Pilar - Las emociones

Las emociones son respuestas químicas en el cuerpo a referencias de experiencias pasadas, no son personales sino colectivas, tampoco son ni buenas ni malas, son energía en movimiento. Lo que sucede con las emociones es que se las adherimos a las creencias y a los pensamientos, y una vez que "sentimos" la reacción, la experimentamos como la "realidad". Nuestros sentidos registran información del exterior y grupos de neuronas se organizan en redes cerebrales que generan un compuesto químico que viaja alrededor del cuerpo. Esto es a lo que llamamos emociones, las cuales se sostienen a la par de las memorias.

Muchos recordamos con mayor impacto los eventos cuando los relacionamos con sentimientos acerca de lo que vivimos. Esto es así porque las emociones se intensifican o suavizan según la identificación con las creencias o pensamientos que se unen con el enlace emocional del evento. La experiencia se graba en nuestros circuitos neuronales, es decir, en la mente, mientras que la emoción se extiende también como memoria en nuestro cuerpo.

De este modo el pasado puede albergarse en nuestro organismo por medio de nuestros recuerdos o memorias no sanadas. Lo mismo sucede cuando irradiamos una energía pacífica y amorosa. Nuestro cerebro está programado para sentir y percibir estas frecuencias. Cada emoción vibra en una frecuencia distinta (revisa la tabla de conciencia anterior). La frecuencia de emociones elevadas, como la gratitud y el amor incondicional (500), son mucho más altas que las frecuencias como la culpa (30), el temor (100) o la vergüenza (20).

Muchos asociamos las memorias y los sentimientos con nuestro presente, y por lo tanto ya no experimentamos un presente libre, sino que nos relacionamos con lo que pensamos y con lo que sentimos acerca de lo que vemos. Acuérdate de que cada dogma mental despoja un mundo de emociones; también vemos un pasado y un futuro mental, no sólo lo que está frente a nosotros. Para ver con ojos claros, en cada momento se necesita la humildad de suspender las historias y querer ver la verdad por encima de la programación mental y sensorial. Para la mayoría de los seres humanos esto es un reto, porque *justificamos* lo que creemos, lo *sembramos* con lo que sentimos y buscamos *evidencias* para tener la razón, pensamos que esto nos da identidad.

Un ejemplo perfecto es cuando alguien te pregunta cómo estás, y le respondes con una historia que hace referencia a algo exterior que te hace o hizo sufrir o pasarla mal. Cada vez que revivimos el evento creemos que éste nos genera dolor, angustia y sufrimiento en el momento presente. Al revivir la emoción con memorias mentales, para el inconsciente no hay diferencia en vivirlo o en recordarlo, por lo tanto, se activan los circuitos del cerebro y las emociones en el cuerpo de lo que estamos imaginando en nuestra mente.

Ésta es la razón por la que tenemos ataques de pánico sin referencia exterior. Pensamos, actuamos y sentimos como si el evento estuviera pasando ahora; a veces la mente está en el futuro en lo que creemos que pasará. Recuerda que nuestros pensamientos, sentimientos y actos definen/crean nuestra postura frente a la vida. Nos identificamos y asociamos con nuestras historias y éstas son siempre nuestra interpretación, no la realidad.

Adictos a nuestras emociones

Si definimos una adicción como algo que sentimos que se apodera de nosotros, entonces sería válido decir que al identificarnos con nuestra historia podemos volvernos o ser adictos a las emociones, que van de la mano con nuestras historias. Esto pasa porque la producción de adrenalina y otras hormonas que arroja el cuerpo, producto de nuestra dramatización, estimulan el cerebro, y por lo tanto nuestro cuerpo. Con el tiempo nos acostumbramos a esta descarga y nos volvemos adictos a los químicos internos. Esto provoca que recurramos a las personas y situaciones que nos alteran para reforzar nuestra adicción.

Gracias a muchos estudios científicos ahora sabemos que el estrés crónico activa los motores genéticos que causan la enfermedad, lo cual indica que mucho de nuestro estado de salud está en nuestras manos. Por lo tanto, podemos decidir quedarnos con interpretaciones del mundo que nos lastiman o con interpretaciones que nos sanan.

Ahora sabemos que cada vez que un tejido neurológico se activa en el cerebro o en el cuerpo se crea un patrón. Utilizamos patrones específicos para distintas actividades. Por ejemplo, usamos un patrón de redes neuronales preestablecido para bañarnos, escuchar música, lavarnos los dientes, pintar, manejar y otro para caminar. Usamos ciertos elementos determinados de la mente para llevar a cabo cada una de las funciones que hemos hecho muchas veces, de modo que el cerebro se activa mecánicamente en zonas muy específicas cada vez que las realizamos. Estas redes son grupos de neuronas que trabajan de la mano como un programa automático.

Nuestro cerebro está diseñado para convertirse en un documento viviente de lo que hemos experimentado y aprendido a lo largo de nuestra vida. Por lo tanto, los recuerdos surgen al mantener esas conexiones. Entre más veces repitamos un pensamiento, decisión, conducta, emoción o experiencia, más neuronas se activan, se conectan y quedan fijas. En términos de tecnología, el nuevo aprendizaje es como una actualización del cerebro. El aprendizaje sucede cuando las neuronas del cerebro se reorganizan en miles de conexiones simpáticas. Cuando le damos significado a nueva información, ésta crea improntas biológicas en nuestro cerebro. Para crear nuevas sinopsis neuronales debemos deshacer los recuerdos de sufrimiento y crear unos más funcionales que se apeguen a los hechos de manera neutral.

Aprovecha la turbulencia emocional

Para asumir la responsabilidad de tus emociones, debes reconocer la emoción. ¿Qué sientes? ¿Dónde lo sientes físicamente? Una vez que puedes identificar el sentimiento, date la oportunidad de experimentarlo lo más objetivamente posible.

¿Qué sensaciones físicas sientes como resultado de revivir una emoción? Cada emoción tiene componentes mentales y físicos que no pueden separarse, de modo que los sentimientos ocurren tanto en la mente como en el cuerpo en el mismo instante.

Observa las sensaciones que ha creado el incidente en el que estás pensando. Si no tienes recuerdos, sólo emoción, siéntela con toda su intensidad, no huyas de ella.

¿Tienes miedo a tus emociones? ¿Sientes un endurecimiento en el estómago? ¿Sientes ansiedad o tristeza? Observa la experiencia física de la emoción y localízala en un lugar específico de tu cuerpo.

Usa tus emociones como un mapa. Si no te sientes feliz o cómodo es simplemente tu cuerpo señalándote que es momento de hacer un poco de trabajo emocional y dejar ir. No reprimas tus emociones para que puedan pasar por tu sistema y salir de ti. En el Proceso MMK la crisis es una posibilidad de expansión y transformación. La manera de "dejar ir" emocionalmente es no reprimiendo ni negando la emoción, pero tampoco buscando una razón; probablemente es una emoción vieja que está lista para salir. Permítete sentir para que pase a través de tu cuerpo y tu sistema nervioso madure. El yoga es una excelente práctica para liberar emocionalmente, es abrirle un espacio a tu sistema para despresurizar y renovar.

Otro bloqueo es pensar que no te debes sentir como te sientes... y esto es pelear con lo que *es*.

Declara:

> Soy emocionalmente libre y tengo derecho a sentir lo que siento. Mi ser está conectado con la conciencia. Estoy abierto a la aceptación, amor, paz e iluminación. Estoy abierto a las posibilidades. Estoy dispuesto a reírme. Veo la vida con amor y ligereza. Cuando soy emocionalmente libre, abro la posibilidad de experimentar la vida desde mi sabiduría.

Como parte del trabajo interior que estamos haciendo, vamos a dividir las emociones en tres:

1) El Amor. Verdad, Dios, lo infinito, lo que eres (o como tú lo entiendas).

   Lo interesante es evaluar la idea de que nuestro interior es la parte de nosotros que está conectada al Todo/Universo/Dios. Es el brillo de nuestros ojos, nuestra sonrisa, la luz que radiamos. Es la parte de nosotros que sabe que somos seres completos. Es nuestro verdadero ser, nuestra paz interior. Observa la luminosidad interior que siempre te ha acompañado. Es tu ser auténtico y naciste para permitir esta conciencia a través de ti.

2) El miedo. Falsedad, ego, creencias, pensamientos, separación, limitación, pelea, ataque, inseguridad, necesidad.

3) A veces vivimos en pensamientos o creencias que crean nuestras emociones y que nos alejan del amor y de lo vasto, que se identifican como el "yo" que creemos ser. *El curso de milagros* se refiere a esto de la siguiente manera: "Como rayos de sol pensando que no son parte de él,

o las olas pensando que no son parte del océano. Todos somos rayos del sol y gotas del mar". El ego se alimenta del miedo, y nos invita a vernos separados de todo. Si lo permitimos, determina los lentes con los cuales vemos el mundo. Cuando vivimos en el ego experimentamos niveles bajos de frecuencia, como temor, vergüenza y anhelo. Al hacernos conscientes de nuestro ego podemos trascenderlo, ya que es sólo una conversación que nos aleja del amor. Por ejemplo, nuestro ego o sombra nos da la oportunidad de cuestionar nuestros pensamientos, ya que nos avisa que hay algo que nos está haciendo ruido, y sabemos que cuando esto sucede, estamos operando desde querer cambiar a otros o creyendo que necesitamos algo del otro o de la realidad para ser felices.

Marianne Williamson, escritora del libro *Volver al Amor*, nos enseña que un milagro es un cambio de percepción, es movernos del miedo al amor. Como el amor es lo que somos y el miedo se construye por las creencias, los pensamientos, las interpretaciones y las memorias, en realidad para volver al amor no necesitamos añadir nada, digamos que el milagro no hace nada, lo único que hace es deshacer. Así cancelamos la interferencia a nuestra conexión con el amor. Simplemente eliminamos.

Lo que se descarta ya desapareció, a menos que desees por alguna razón conservarlo en la memoria, con todo y sus efectos. Muchos mantenemos recuerdos dolorosos porque creemos que son parte de quienes somos. Cuando los revivimos nos desconectamos de nuestra vida en el momento presente.

La realidad es que, en el momento presente, fuera de los pensamientos, somos presencia libre. Al practicar las técnicas del segundo capítulo, nos mostramos que el pasado ya pasó, y que ya no puede tener efectos en nosotros en este momento, a menos de que pongamos nuestra atención en ello.

Recordar la causa de los aparentes sufrimientos a causa de algo, tan sólo puede dar lugar a ilusiones de su presencia, y produce los efectos de malestar. Al soltar pensamientos y creencias, la culpa y el miedo desaparecen, pues éstos dependen de una creencia para existir. Con su partida concluyen sus consecuencias, ya que se quedan sin causa.

¿Para qué quieres conservar tus memorias de sufrimiento, a no ser que quieras sus efectos? Probablemente no sabemos que podemos elegir algo diferente, que los podemos soltar si deseamos, o tal vez seamos adictos a los efectos químicos de estas emociones, o sentimos que estas vivencias nos definen, que somos ellas. Nos dan una justificación para no aceptar la felicidad. A veces también creemos que estos recuerdos nos defienden de algo en el presente.

Recordar es un proceso tan selectivo como percibir. Percibimos el pasado en el presente, como si estuviera ocurriendo ahora y aún se pudiera ver y sentir. La memoria, con sus emociones, al igual que la percepción, son facultades que usamos para relacionarnos con el momento presente y que nos alejan de ver todo lo que es posible y observar el amor presente. La percepción está cargada de información tanto personal como cultural y familiar.

Podemos utilizar la mente para otros fines y como un medio para obtener algo distinto. Se puede emplear para sanar y no para herir, si ése es tu deseo. Nada que se utilice con el propósito de transcender tu estado de conciencia conlleva esfuerzo. Es más bien el reconocimiento de que no tienes necesidades de que suceda algo diferente a lo que está frente a ti.

No es vivir de tus memorias selectivas, es permitirte soltar a tal punto que te entregas a la verdad o al amor de este momento.

Todas las cosas que requieres para sanar viven ya en tu interior. Sólo es cuestión de tener la voluntad de permitir el milagro y dejar los conceptos que has creído hasta hoy y que te mantenían en miedo para dejar pasar la luz que siempre ha vivido en ti.

Probablemente has estado acostumbrado por tanto tiempo a creer en tus memorias emocionales que contienen sólo el pasado, que te resulta difícil darte cuenta de que es una facultad que puedes modificar para liberarte y vivir el *ahora*. El mundo nos impone la idea de vivir a partir de recordar. Pero sólo tú eres quien te limitas al experimentar la vida a través de memorias en donde la culpabilidad y el miedo parecen persistir.

La historia de todo pasado se encuentra oculta en los pensamientos, confinada en las bóvedas de tu mente. Todas las extrañas asociaciones que se han hecho para mantener vivo el pasado están depositadas ahí, esperando tus órdenes para que vuelvan a revivirse. Y de este modo, sus efectos aparecen en este momento.

El tiempo lo utilizamos de una manera confusa, como si el pasado hubiera creado el presente, y éste no fuera más que una consecuencia que no puedes cambiar. Es imposible cambiar nada en el presente si creemos que su causa se encuentra en el pasado. El pasado está en las memorias, y vivir así es hacer que el pasado predomine sobre el ahora.

¿Quieres ser libre? Olvídate de todo lo que te has enseñado a ti mismo a través de tus emociones de miedo y memorias recurrentes. ¿Quién querría conservar en su mente una interpretación basada en recuerdos de sufrimiento, cuando puede desaprender y vivir en la liberación?

Cuando memorias de viejos rencores vengan a rondarte, acuérdate de que su causa ya desapareció. Contempla, en cambio, los nuevos efectos de una causa que se acepta *ahora* y cuyas consecuencias se encuentran *aquí*. La hermosura de todo te sorprenderá si permites despertar a lo que es verdad por encima de tu programación. Es lo que llamamos *iluminación*.

Permítete experimentar las emociones de felicidad que quieres vivir ahora. Sincroniza con una emoción de alta vibración frente a lo que estés viviendo ahora. Si queremos manifestar libertad, tenemos que sentirnos libres. Si queremos recibir, debemos sentir gratitud. Entre más elevada sea la emoción que experimentas más pura es la energía que radias y es más fácil transformar el mundo material.

¿Quién serías si eliminaras lo que piensas y lo que crees de un evento del pasado? ¿Estarías bien? ¿En ese momento estás alimentado, has tomado agua, tienes en dónde dormir? ¿Te das cuenta de que fuera de lo que crees y piensas siempre has vivido en el amor del universo?

Cancela la búsqueda, estaba dentro de ti todo este tiempo

Como vimos en este capítulo, hemos sido condicionados a pensar que las respuestas estaban fuera de nosotros, buscando la felicidad en el exterior y en un futuro, culpando a los demás por no hacer lo que "deberían" para que volviéramos a nuestro poder y tratando constantemente de cambiar las acciones y pensamientos de otros. Estábamos seguros de que podíamos controlar lo que pasaba a nuestro alrededor, cuando en realidad no hay nada que controlar, ya que controlamos o vivimos. ¿Pero qué significa esto realmente?

A lo largo de mi vida me he dado cuenta de que todo lo que hago desde el amor me da plenitud inmediata. Por el contrario, cuando actúo desde el miedo, la vergüenza, la inautenticidad o angustia, no soy capaz de sentir paz y conexión con el aquí y ahora. He creado la práctica de vivir en conciencia, de observar desde qué lugar vivo y tomo decisiones. Cada día estoy consciente de que mi vida se alinee con mi propósito de ser, *la paz*.

El planeta nos pide un cambio, un giro hacia la conciencia. El mundo nos está invitando a despertar, a transformar la agresión por compasión, el miedo por amor, la separación por unión, la necesidad de estar en lo correcto por la curiosidad, la guerra por paz, la fuerza por fluir, la inconsciencia por conciencia, y sustituir los procesos lineales por soluciones incluyentes de todos. La transformación está en cada uno de nosotros, así que, ¿cómo te quieres unir con el planeta?

En cada uno de nosotros hay conocimiento que está esperando para guiarnos a casa. Nuestro propósito es vivir este saber. Al hacerlo, inspiramos a la gente que nos rodea.

> "¿Quién, si no tú? ¿Si no ahora, cuándo?"
> EMMA WATSON

En este momento puedes estar en paz, en amor, y seguir tu llamado. No necesitas saber exactamente los pasos que vas a tomar. Simplemente comprométete con la voluntad de dirigir tu vida desde una intención alimentada por el amor y todo se irá revelando para ti. Confía.

Como muchos, durante años puse mi atención en el mundo exterior, busqué la satisfacción en relaciones, trabajo, éxito, comida, viajes, alcohol, fiestas, cosas materiales, hasta cursos espirituales, pero al final había un vacío. Vivía con la creencia de que el exterior me definía y las acciones debían salir a partir de empujar, luchar, forzar, del miedo y de la inseguridad, el control, etcétera. Desplazaba mi paz por poner mi atención en cuestiones externas. Pero por fortuna hoy sé que la vida tiene ya todo para mí.

> He aprendido que vivir es permitir.

La ley de permitir

La ley de la atracción universal funciona como la resonancia; su planteamiento es: *Todo objeto atrae la esencia de lo que se asemeja a él.* Esto significa que atraes con precisión y de muchas formas una respuesta del exterior a las vibraciones (emociones) que emites.

Existe una forma muy sencilla de acceder a la creación de tu propia experiencia y de realizar tu propósito para vivir feliz: es la aplicación del *arte de permitir*, que también es una ley universal. Es guiar de manera consciente tus pensamientos para poner tu atención en armonía con lo que está frente a ti.

Cuando empiezas a entender quién eres realmente, y cuando estás convencido de que tu verdadera función es la plenitud, comienzas a sintonizar con *la ley de permitir*, y esto se convierte en algo natural para ti, confías en un orden inteligente que rige tu vida.

La mayoría de las personas están intentando cambiar o conseguir algo. Su deseo es manipular, crear estrategias y controlar. Viven en pensamientos como:

- ¿Hasta dónde puedo llegar?
- ¿Qué más hago?
- ¿Cuántos kilos más pierdo?
- ¿Cómo cambio a x persona?
- ¿Cómo consigo el dinero que necesito?

Sin embargo, cuando te vuelves consciente comienzas a ver tu mundo desde la perspectiva de las vibraciones, en lugar de acciones sin sentido; de esta manera tienes mayor capacidad de ser y plasmar en tu vida todo en armonía, conquistando todo lo que *ya es para ti*.

Sal de creencias como: "¡Me sacrificaré más! ¡Me esforzaré más! ¡Trabajaré más!".

Lo que yo entendí cuando solté es que debía dejar de pelear con la realidad para vivir en sintonía con la vida, y así vivirlo todo sin esfuerzo. Esta transformación se trata de dejar de imponer tu voluntad desde el ego, es amar la vida y dejar de corregirla. Es amar a otros y no tratar de cambiarlos.

Al usar la ley de permitir caminas al lado del socio más poderoso que existe: el majestuoso Universo con su gran inteligencia. Hoy ríndete a los pies de la Gran Verdad. Ahora sé que somos como una flor que no duda que un día florecerá y concluirá su ciclo, que no requiere planear, esforzarse o vivir con miedo. Es la ley de permitir la que logra que todo lo que llevamos dentro concluya su gran misión. Este estado de gracia es con el que debemos sintonizarnos para ver los milagros.

CAPÍTULO 2

Remueve y aprende las técnicas más poderosas de limpieza interior

En este capítulo te mostraré cómo puedes implementar técnicas específicas para hacer *autocoaching* y llegar a la autorrealización. El verdadero triunfo viene de "darnos cuenta", de "reconocer" algo que no veíamos, pero la solución siempre está en nuestro interior y estas herramientas nos ayudan a vivir en la Verdad de la tabla de conciencia.

Proceso MMK – Del ego a la conciencia

Como ya vimos en el capítulo anterior, la única manera de relacionarnos con el mundo exterior es trascendiendo tu interpretación de él. Todo lo que vemos afuera es un reflejo de nuestros pilares. Las naciones, personas y eventos son sólo lo que creemos de ellas. No importa cuál sea el "problema", dónde está, o quiénes están involucrados, encontrar liberación y la paz está en ti. Siempre. No tienes que hacer nada más que estar consciente de ti mismo, de tus creencias, tus pensamientos, tus declaraciones y emociones para cuestionarlas y trascenderlas. "Sanar es darse cuenta", es ver lo que no veías, es agradecer la vivencia porque es a través de ella que puedes acceder a la verdad en la tabla de conciencia. Sanar es darte cuenta de que el mundo no te ofrece la paz; tu propósito es reconocer que tu función es trascender el ego en este momento, al reconocer que ni a ti ni a él les hace falta nada.

Si quieres atrapar tu serenidad debes lanzarte hacia las aguas más profundas de tu ser. Es hora de trascender tus limitaciones, cuestionarlas y liberarte. Dejar ir las restricciones internas viene acompañado de un sentimiento de expansión. En esta nueva conciencia, profunda y esparcida, encontrarás que tu poder siempre ha estado ahí.

Propósito del ser

El primer paso es elegir un propósito del ser. ¿Quién eres? ¿Amor, paz, aceptación, armonía, claridad? ¿O tus historias, por lo tanto, un pasado ilusorio? ¿Desde qué lugar quieres experimentar el mundo exterior e interior? Decidir quién eres está en ti. Vivir en un propósito del ser es reconocer que tenemos la elección y capacidad de ser la persona que decidamos ser.

> "¿Quién serías sin tu historia?"
> BYRON KATIE

Identifica tus historias

Tener una vida plena, con sentido y propósito, es tu derecho de nacimiento. Identificar cualquier pensamiento o creencia que sugiera lo contrario es esencial para vivir en nuestro contexto de maestría. Hay un texto budista llamado *Dhammapada* que nos dice: "Todo lo que somos surge de nuestros pensamientos. Con nuestros pensamientos creamos el mundo". Si mantienes un diálogo interno que te niega el amor, éste es el momento de traerlo a la luz, de hacerte consciente y crear una nueva conversación.

Entender cómo trabaja tu mente te ayudará a crear nuevos patrones de pensamiento, para lo cual debemos considerar las cuatro funciones de la mente egocéntrica:

- Registrar
- Etiquetar
- Evaluar
- Identificar

Cada segundo de nuestra vida la mente está "registrando" experiencias que entran a nosotros a través de nuestros sentidos. Al relacionarnos con una experiencia, inmediatamente etiquetamos la impresión sensorial basándonos en nuestros pilares. Por ejemplo, ves una criatura con alas y plumas y tu mente produce la palabra que la registra. Si has visto o escuchado sobre las águilas, probablemente sabes que tienden a ser grandes y majestuosas como lo que está frente a ti; tu mente generará la palabra y la etiqueta. Mira a tu alrededor y date cuenta de cómo tu mente etiqueta los objetos que te rodean: libro, taza, lámparas, etcétera.

La mente usa el mismo proceso para etiquetar acciones, eventos y personas. Nuestra mente evaluadora juzga y analiza cada experiencia como algo *deseable* o *indeseable*. El criterio principal que utilizamos para determinar si algo es "bueno" o "malo" es acorde a nuestras creencias y pensamientos que construyen las memorias pasadas, por lo tanto, nos relacionamos con el pasado (mental) en el presente y con este pasado etiquetamos. Cuando añadimos una emoción "sellamos" con ella la experiencia identificada.

La *identificación* determina si haces tuya la experiencia, creencia o pensamiento. *¿Lo haces tuyo o lo deshaces?*

Las experiencias las enganchas con tus creencias y por lo tanto ya no las vives separadas de ti, o ya no ves la experiencia sin significado inherente, las vives con tus pensamientos y emociones asociadas a ellas. Las experiencias en que no adhieres *tu resonancia* (por ejemplo, creencias, pensamientos, emociones) son ignoradas. La rapidez con la cual hacemos este proceso es tan veloz que debes estar alerta de qué estás invitando a vivir en tu CPU mental, que al final es con el que mayormente te relacionas.

Ejercicio:

A lo largo del día sé consciente de las veces que etiquetas y juzgas las experiencias que vives. Por ejemplo, en la mañana hay una diferencia de opiniones en tu casa, te resientes y sales más tarde de lo que pensabas; etiquetas esto como algo "malo". De camino a tus ocupaciones, escuchas un audiolibro y te relajas, cambias tu perspectiva. Te sientes tranquilo, por lo tanto, etiquetas esto como algo "bueno". Observa la interpretación que le das a los eventos y cómo varía tu estado emocional.

Durante el día observa la dependencia de tu estado de ánimo de acuerdo a la interpretación que le das a los eventos, circunstancias y personas. Sé consciente de tu tendencia a juzgar y reaccionar, sin juzgarte a ti mismo, y cuestiónate qué interpretaciones decides creer y cargar. Observa tu mente juzgadora y recuerda que hay infinitas posibilidades para percibir una situación. Y que la paz está por encima de los condicionamientos del exterior y los conceptos que tengas de ellos.

Hoy practica esta declaración:

> Nada de lo que veo significa nada...

Así, neutralizamos la percepción y elegimos cómo respondemos a lo vivido.

Deja ir

Dejar ir no significa que pierdas tus memorias, olvides tu aprendizaje o dejes de poner límites. Dejar ir es liberar el cuerpo y la mente del sufrimiento colectivo. Dejar ir es vivir una vida de amor y claridad. Tu mundo exterior es un reflejo de tu mundo interior y viceversa. Para tener libertad, debes soltar tu programación.

Muchas veces nos apegamos a patrones, porque es lo que es familiar, no porque sea lo que más nos conviene.

> ¿Quién eres sin la historia que te has contando de ti?
> ¿Quién eres sin tus dramas?

Cuando dejamos ir creamos un espacio para que nuevas posibilidades florezcan. Amor, paz y vitalidad llenarán el espacio que ahora ocupan tus historias.

Hoy practica esta declaración:

> Gracias por lo que me has dado; te deseo lo mejor en este viaje de la vida, te dejo ir desde un lugar de amor.

La esencia del amor

El amor nos conecta con el Todo, conecta al individuo con el universo. La esencia del amor es la conexión con la unión. Amar es la experiencia de pertenecer a todo lo aparentemente bueno o malo. Es estar abierto a entender que el punto de vista del otro es tan válido como el tuyo, aunque no compartas su misma perspectiva. El secreto es que, al trascender el sufrimiento, el mundo se transforma. Vemos más allá de lo aparente y nos conectamos con la inocencia siempre presente en nosotros y en otros.

> "Hay una grieta en todo. Así es como la luz entra."
> LEONARD COHEN

A mediados de los años cincuenta, en un monasterio, una estatua de Buda iba a ser reubicada para colocarla en lo profundo del bosque. Los monjes organizaron la maquinaria para mover la estatua de cuatro metros, hecha de barro. Cuando echaron a andar la maquinaria para mover la estatua del Buda se dieron cuenta de que era mucho más pesada de lo que esperaban. La estatua empezó a agrietarse. Queriendo protegerla, los monjes decidieron esperar un día más y traer algo más potente para moverla.

Ese día por la noche cayó una tormenta. Uno de los monjes decidió ir a asegurarse de que la estatua estuviera bien cubierta. Tomó una vela y se dirigió hacia la estatua. Cuando llegó, el viento la había descubierto y la estatua se había mojado. Al tratar de cubrirla de nuevo, algo reflejó la luz de la vela. En una de las grietas pudo ver que había algo dorado bajo el barro. Al día siguiente entre varios monjes cuidadosamente quitaron el barro hasta que se convirtió en una estatua de oro brillante.

> Recuerda que, como el Buda, tú también eres oro puro.

Mantente abierto a vivir humilde. Mantente curioso en las situaciones complejas. Éstas pueden ayudarnos a acelerar nuestro proceso de crecimiento. Estar receptivo puede transportarte a lugares interiores que jamás imaginaste. Lo que ahora categorizas como "malo" puede fácilmente convertirse en tu mayor enseñanza.

No subestimes el poder que tienes para transformar tu mundo. Puedes estar seguro de que eres mucho más que tus limitaciones aparentes.

> "Regresa a la raíz y encontrarás el profundo significado."
> Jianzhi Sengcan

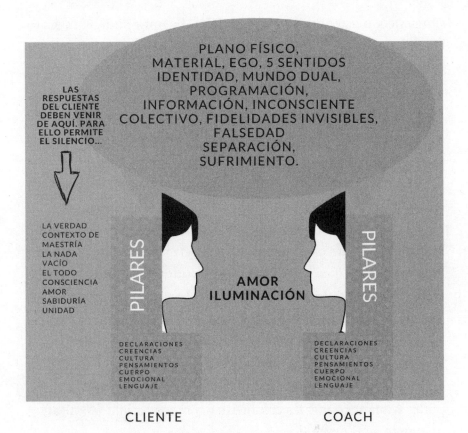

PLANO FÍSICO,
MATERIAL, EGO, 5 SENTIDOS
IDENTIDAD, MUNDO DUAL,
PROGRAMACIÓN,
INFORMACIÓN, INCONSCIENTE
COLECTIVO, FIDELIDADES INVISIBLES,
FALSEDAD
SEPARACIÓN,
SUFRIMIENTO.

LAS
RESPUESTAS
DEL CLIENTE
DEBEN VENIR
DE AQUÍ. PARA
ELLO PERMITE
EL SILENCIO...

LA VERDAD
CONTEXTO DE
MAESTRÍA
LA NADA
VACÍO
EL TODO
CONSCIENCIA
AMOR
SABIDURÍA
UNIDAD

PILARES

PILARES

AMOR
ILUMINACIÓN

DECLARACIONES
CREENCIAS
CULTURA
PENSAMIENTOS
CUERPO
EMOCIONAL
LENGUAJE

DECLARACIONES
CREENCIAS
CULTURA
PENSAMIENTOS
CUERPO
EMOCIONAL
LENGUAJE

CLIENTE   COACH

DORMIDO - VIVO EN REFERENCIA A MI PROGRAMACIÓN
DESPIERTO - VIVO EN REFERENCIA A LA VERDAD

EL COACH USA LAS HERRAMIENTAS PARA DISOLVER LA
PROGRAMACIÓN Y PODER CONOCER LA VERDAD Y LA
SABIDURÍA A LA QUE TODOS TENEMOS ACCESO

MODELO "PROCESO DE CONCIENCIA MMK"

Figura 2.1. Modelo del Proceso MMK

Observa con detenimiento la figura 2.1. Es muy clara, te muestra cómo los pilares se bañan de una programación, a veces suspendida en limitación y miedo, pero alrededor de nosotros y de otros está la dimensión del Amor y de la Verdad. Cuando hacemos sesión del Proceso MMK, las respuestas deben venir de la sabiduría a la que todos tenemos acceso, no del refuerzo de más conceptos. Por lo tanto, el objetivo no es dar consejos que vengan de una mente programada, sino crear respuestas que vengan del potencial puro, de la sabiduría innata.

Byron Katie dice dos cosas que para mí tienen mucho sentido; la primera es que existen tres ámbitos en los que nos relacionamos: el de *Dios/Realidad*, el del *Otro* y *tu* ámbito. El ámbito de Dios/Realidad es el de los hechos, las cosas sobre las que no tenemos ningún tipo de injerencia, como los huracanes, la muerte de un ser querido, una enfermedad, etcétera. El ámbito del Otro es la voluntad y libertad que los otros tienen. El otro tiene derecho a vivir su vida de la manera que él/ella decida, tú no puedes vivirla por él y tampoco puedes cambiar su comportamiento. Por tanto, tu ámbito es el único donde tienes el poder.

Lo que nos saca de nuestro ámbito es la palabra "debería": él no debería… ella sí debería… Esto no debería haber pasado… etcétera.

La segunda cosa que dice Byron Katie, que me ha ayudado a encontrar paz, es que cuando peleamos con la realidad perdemos cien por ciento de las veces. Por lo tanto, no tiene ningún sentido discutir con lo que es. Está en nosotros vivir en armonía y ahí está nuestra libertad. Así, naturalmente podemos aplicar la ley de permitir, para desde ahí actuar en extensión a nuestra sabiduría.

¿Cómo deshacer los pensamientos?

Recuerda que los pensamientos son información reciclada. Cada pensamiento que tenemos pertenece a una base de datos colectiva. Aun los pensamientos más originales son en realidad grandes saltos cuánticos de creatividad que se producen en esa misma base de datos colectiva.

Dos grandes herramientas para deshacer la percepción dual y aprovechar el campo de posibilidades infinitas, del que hablaré con detalle en el próximo capítulo, son la meditación y cuestionar nuestros pensamientos. Es a través de estas herramientas como podemos alcanzar un nivel alto de conciencia, así, logramos soltar la maraña de pensamientos y emociones que mantienen nuestra atención atada al mundo físico.

Cuando somos conscientes de nuestros pensamientos reconocemos que existen dos tipos: recuerdos e imaginativos. Los pensamientos no se crean en tu cuerpo físico. ¿Entonces dónde se producen? Hagamos un experimento, piensa en lo que comiste ayer. ¿Te acuerdas a qué sabía? ¿La textura que tenía? ¿Qué estaba pasando a tu alrededor? Ahora dime, ¿dónde estaba esta información antes de que te hiciera estas preguntas?

La información existe a un nivel de significado potencial. En otras palabras, si un cirujano examinara tu cerebro, no encontraría rastro de la información que se convierte en pensamientos, en este caso sobre la comida de ayer. La memoria reside en el campo de información colectiva, hasta que la llamamos. Una vez que decidimos recordar lo que comimos, se inicia una actividad eléctrica que libera sustancias químicas que indican que el cerebro está funcionando. Sin embargo, antes de que nos conectáramos con la memoria, el pensamiento no tenía ubicación en el cerebro. Al hacer una pregunta o tratar de recordar el evento, la memoria se transforma de algo virtual a algo aparentemente real cuando lo entrelazamos a sensaciones.

Debido a que experimentamos los pensamientos como la "realidad", es muy fácil que se adhieran a nosotros. Byron Katie, en su libro *Amar lo que es*, tiene una metodología que a mí me cambió la vida hace como 15 años. Esta mujer, después de pasar años de absoluta desesperación y depresión por la relación con sus pensamientos, terminó encerrada en una clínica en la que encontró la paz. Ella lo describe como un despertar a la "realidad". Reconoció que, si creía lo que pensaba, sufría, y si se cuestionaba, ningún pensamiento se sostenía. Fuera de los pensamientos ella encontró serenidad absoluta, y lo mismo nos ofrece a todos los seres humanos. Lo único que se requiere es estar dispuestos a conocer *la Verdad* en cada situación y dejar las ataduras del sufrimiento. Se requiere valentía porque para muchos lo que cuestiona es nuestra aparente identidad. Sin embargo, los seres humanos debemos estar alertas, porque tendemos a inventar todo tipo de historias extrañas y racionalizaciones ilógicas sobre cómo y por qué merecemos sufrir.

Piensa: ¿te haces responsable de tu poder para amar tu propia vida o vives queriendo cambiar a los demás, corrigiendo o peleando lo que es o lo que fue?

Para regresar a ti, las siguientes cuatro preguntas con sus vueltas son fundamentales. La idea es primero deshacer la programación del ego al reconocer que no es verdad, y después recuperar la proyección por medio de las vueltas para dejar fuera lo que tiene que ver con nosotros mismos.

Las cuatro preguntas de Byron Katie

Existen cuatro preguntas clave —que llegaron a Katie en su momento de mayor desesperación— (de las cuales se desprenderán algunas otras, como lo verás a continuación) para cuestionar tus pensamientos o creencias y deshacerlas.

¿Crees que cuatro preguntas pueden cambiar toda tu existencia? La respuesta es relativa. Primero, es necesario estar seguro de que sí quieres cambiar tu experiencia de vida. Debes tomar en cuenta que cambiar implica comprometerte contigo mismo, responsabilizarte de absolutamente todo lo que constituye tu realidad, y salirte de una zona de aparente comodidad, que es la que se queja.

Cambiar, a su vez, implica crecimiento personal, unión con tu mundo y vivir en paz. Si estás dispuesto a transformarte, entonces sí, cuatro preguntas pueden alterar toda una existencia.

Cuando ponemos a prueba cualquier pensamiento o creencia frente a estas cuatro preguntas, ninguno sobrevive. Así, nos damos cuenta de qué manera vivimos prisioneros de falsas suposiciones.

Ahora te invito a que cuestiones algún pensamiento que te robe la paz con las siguientes preguntas básicas:

1) ¿Es verdad?
Nos confronta con una no realidad, con una posibilidad de ver una situación de manera más clara y objetiva.

2) ¿Es absolutamente verdad este pensamiento?
Nos confronta con la posibilidad de la no realidad, de la realidad creada por uno mismo. No hay verdades absolutas. Esta premisa permite revalorar y volvernos a preguntar sobre lo real y lo creado en nuestra mente. De alguna manera, nos demuestra

que posiblemente fuimos nosotros quienes creamos esa "falsa realidad" que nos tiene atrapados. ¿Puedes saber más que Dios, más que la Realidad? ¿Somos dictadores de la vida? ¿Puedes saber que eso es lo mejor para ella o él, para ti, para tu propio camino? ¿Puedes estar completamente seguro de que si consiguieras lo que quieres serías más feliz?

3) ¿Cómo reaccionas cuando crees ese pensamiento?
Es uno mismo quien decide y actúa de cierta manera. Si has reaccionado y actuado de una forma destructiva hacia ti y hacia los que te rodean, sin justificación (ya que esa reacción es originada por una idea y no por la realidad), tienes la posibilidad de despertar. Para ello puedes hacerte las siguientes preguntas:

• ¿En qué parte del cuerpo sientes el pensamiento? ¿Qué tan lejos se va este pensamiento? (Descríbelo.)
• ¿Qué visualizas cuando enfocas el pensamiento? (Descríbelo.) ¿Cuándo se te ocurrió por primera vez este pensamiento? ¿Cómo tratas a otros cuando crees este pensamiento? ¿Qué te dices? ¿Qué haces? ¿A quién ataca tu mente y cómo? (Sé específico.)
• ¿Cómo te tratas cuando crees ese pensamiento?
• ¿Es entonces cuando se presenta alguna adicción? ¿Buscas comida, alcohol, compras, televisión? ¿Es entonces cuando te criticas y te menosprecias? ¿Cuáles son los pensamientos que tienes de ti cuando te sientes así?
• ¿Cómo has vivido tu vida por creerlo? ¿Para qué has creído este pensamiento? (Sé específico, cierra los ojos y ve tu pasado.)
• ¿Este pensamiento trae estrés o paz a tu vida?

- ¿A dónde va tu mente cuando crees este pensamiento? (Escribe qué creencias lo acompañan.)
- ¿Estás en tu ámbito cuando estás en ese pensamiento?
- ¿Qué ganas con poseer ese pensamiento y actuar sobre él?
- ¿Puedes pensar en una razón de paz por la cual quieras conservar este pensamiento?
- ¿Qué cosa terrible podría pasar si no creyeras en este pensamiento?

4) ¿Quién serías sin ese pensamiento?

Hacernos esta pregunta nos abre un sinfín de posibilidades, un sinnúmero de cambios; nos brinda la opción de ser quienes no hemos sido a favor de nosotros mismos.

¿Vivirías de manera diferente si no creyeras en tal o cual pensamiento? Cierra los ojos, imagínate tu vida sin tu historia. Plantéate que estás en esa situación libre de lo que has pensado. ¿Qué ves? ¿Quién eres ahora sin este pensamiento contigo, con el otro y con el mundo?

El trabajo sobre los pensamientos puede originar cambios profundos. Por ejemplo, si yo fuera a trabajar un pensamiento, el proceso sería más o menos así:

Supongamos que yo quiero estar en paz, pero me llega un pensamiento como: "No puedo ser feliz porque Juan se portó muy mal conmigo y eso es injusto". Éste sería el pensamiento original.

Si trabajamos con las cuatro preguntas reconoceremos la ilusión de falsedad y el aparente sufrimiento que puede causar un pensamiento, además, al cuestionar podemos observar cómo el pensamiento nos da información de nosotros que creemos que pertenece al otro. Veamos:

Pregunta 1: *¿Es verdad que no puedo ser feliz porque Juan se portó muy mal conmigo y eso es injusto?*

Probablemente contestaría que es verdad porque así lo he vivido y el ego no ofrece ninguna otra postura, se rige por la razón. Además, la sociedad nos ha enseñado a condenar a otros por sus actos y a albergar reacciones que nos llevan a la posición de víctima. Esto sucede cuando creemos en todo lo que pensamos. La trampa es creer que tenemos la razón. Y probablemente desde un punto de vista social y moral la tenemos, pero esto no quiere decir que sea la verdad. Sigue siendo una interpretación de los actos de otro.

Pregunta 2: *¿Es absolutamente verdad que no puedo ser feliz porque Juan se portó muy mal conmigo y eso es injusto?*

Para que mi pensamiento sea absolutamente cierto, sólo existiría este punto de vista para siempre, y todas las personas del mundo pensarían igual que yo, lo cual me permite plantear que: este pensamiento describe lo que he creído de las acciones de Juan y cómo la sociedad me invita a reaccionar desde las creencias del miedo. Por ende, lo anterior no es absolutamente cierto. Además, me pueden funcionar los actos de otros o no, pero eso no implica que yo les otorgue mi felicidad, y este pensamiento trae sufrimiento y limitación al creerlo.

Pregunta 3: *¿Cómo me siento cuando creo el pensamiento de que no puedo ser feliz porque Juan se portó muy mal conmigo y eso es injusto?, ¿quién soy con este pensamiento? y ¿cómo soy conmigo y con él?*

Cuando creo el pensamiento me pongo triste, no tengo poder, me siento decepcionada y toda mi atención está puesta en Juan, a quien hago responsable de mi felicidad. Me siento poco merecedora y pequeña frente al mundo. Con el pensamiento soy una persona dependiente y solitaria. Con Juan me vuelvo pasiva agresiva y hostil; cierro todas las posibilidades para la paz.

Pregunta 4: ¿Quién *sería si ya no pudiera creer el pensamiento de que no puedo ser feliz porque Juan se portó muy mal conmigo y eso es injusto?*

Me sentiría en paz, me haría responsable de mis sentimientos, hablaría con él desde otra posición, tendría curiosidad para entender a nivel más profundo qué sucede en la relación y probablemente estaría lista para crear un espacio de salud para mí. Probamente estaría abierta al perdón.

Después de indagar sobre los pensamientos, Byron Katie nos pide que hagamos las vueltas a los pensamientos de la siguiente manera (en éstas disolvemos la proyección):

El pensamiento original es: "No puedo ser feliz porque Juan se portó muy mal conmigo y eso es injusto".

Vueltas:

1) Hacia uno mismo: es el pensamiento original pero dirigido a mí
   No puedo ser feliz porque me porto muy mal conmigo y eso es injusto.

Con esta vuelta me doy cuenta de que he estado enojada conmigo porque no me he permitido ser feliz, he sido injusta conmigo al preferir darle importancia a los actos de otros más que a mi bienestar. Esta vuelta es muy poderosa porque me doy cuenta de cómo he sido injusta conmigo, dejando mi felicidad en manos de otros. Como la palabra *injusto* me pone en situación de víctima, ahora reconozco que nadie puede ser injusto, pues ésta es una elección mía. También reconozco en muchas áreas que debo soltar mis juicios para vivir en la *Verdad* de la tabla de conciencia y no en la razón humana con el fin de ser libre.

2) Hacia los pensamientos
Mis pensamientos me han dicho que no puedo ser feliz porque Juan se portó muy mal conmigo y eso es injusto.

Claro, cada vez que creía en ese pensamiento sufría pensando que era *la verdad*. Que tenía razón y por lo tanto comencé a vivir a la defensiva con un armazón, protegiéndome de la vida y de otros. Ahora me doy cuenta de que vivir a la defensiva es muy cansado. Es mejor poner límites y vivir con un corazón en paz.

3) Hacia el otro: Juan (en este caso)
He sido infeliz con Juan porque he sido injusta y me he portado muy mal con él.

Esta vuelta es muy interesante porque nos propone explorar la posibilidad de ver de qué maneras hemos sido injustos en la relación; probablemente ya no veíamos a Juan como un hermano sino como alguien condenable. También nos invita a ver que siempre podemos perdonar cuando vemos la lección más profunda, y se erradica el error. Me hace reconocer que todo lo que juzgo en mí, lo condeno en otro. Lo ideal es que encuentre un lugar en mí, en el que deje de verme desde la culpa y el miedo para liberar a los que están fuera y yo pueda vivir en serenidad.

4) Hacia el contrario o el opuesto
Puedo ser feliz, aunque Juan se haya portado muy mal conmigo y viva eso como injusto.

Esta vuelta me abre la posibilidad de ver que puedo observar las cosas de cierta manera, pero aun así mi felicidad depende de mí. Me invita también a ver que tengo derecho a mi opinión, si es que así lo deseo, pero mi bienestar en esta postura vuelve a mí.

Conclusión:

Estas cuatro preguntas con las vueltas son un trabajo extraordinario que uso todos los días para cuestionar cualquier pensamiento estresante o que me baje en la tabla a *falsedad*, y así, volver a la paz, con la finalidad de soltar mi sufrimiento y mis proyecciones.

¿Te das cuenta de cómo un inocente pensamiento puede cobrar tantos impuestos en uno? Así son los pensamientos: parecen razonables a simple vista, pero cobran un papel muy importante en nuestras acciones y en quiénes somos frente a nosotros y frente al mundo, pero, sobre todo, en nuestras emociones y nuestro sentido de posibilidad.

Te invito a que cuestiones todos los pensamientos que te limitan, que te roban la paz o que te hacen sentir inferior; te sorprenderás del poder de este trabajo. Para más detalles visita la página de Byron Katie: www.thework.com.

Culpa *vs.* responsabilidad

Muchas veces, cuando vivimos un momento de la vida en el cual nos sentimos perdidos, tristes o nos encontramos en crisis tendemos a hacernos la pregunta: ¿por qué me está pasando esto? o ¿por qué a mí? Estas preguntas nos llevan a sentir que el exterior nos ataca y nos hace vivir las experiencias de manera personal. Vivimos a la defensiva porque el exterior determina el contexto de maestría/conciencia en el cual queremos vivir.

Sentirnos culpables o hacernos responsables del rol que jugamos en una situación es crucial. Hacernos responsables nos inspira porque comenzamos a reconocer que con cada cosa que vivamos, podremos determinar si es *lo mejor o lo peor* que nos ha pasado, es decir, si entrenamos la mente para que trabaje a nuestro favor, trascendemos las ilusiones mentales del *allá afuera*, para que el poder siempre esté en nuestro interior.

Ser la víctima del exterior o categorizar las vivencias nos drena energía y nos mantiene en un contexto bajo de falsedad (abajo en la tabla de conciencia). Lo fundamental de la responsabilidad es reconocer que, sin importar lo que haya pasado hasta ahora, podemos tomar acciones y decisiones que se alineen con la vida que queremos vivir y sentir. Siempre tenemos la oportunidad de responder desde la creatividad y la inspiración y permitir que algo nuevo florezca.

Cuando utilizamos un lenguaje de víctima, cultivamos un estado mental de victimización. Nos desconectamos de nuestro poder y de la responsabilidad personal. La habilidad de usar un lenguaje que nos haga responsables de nuestras emociones restaura la capacidad de crear una vida plena. Para esto es fundamental cuestionar nuestros pensamientos.

Soluciones desde la conciencia

Disolver un "problema" (que te sugiero que cambies por la palabra situación) que ahora vives como real puede requerir sólo quitar tu atención de ello. Desasóciate de la energía de la situación. Por ejemplo: Nelson Mandela pasó 27 años encerrado en una cárcel de alta seguridad, y por su trabajo interior esto no fue un "problema", sino una oportunidad para sanar. Se unió al amor y trascendió esta vivencia saliendo de ella poderoso. Esto es un milagro: poder elevar nuestra conciencia para modificar nuestra percepción del mundo exterior hasta relacionarnos sólo con la paz. Triunfo en el juego de la vida.

Puedes aplicar el mismo principio para cualquier "situación". Tu respuesta a la pregunta "¿quién soy yo?" determina tu vida. Mientras te definas como el encarcelado, el enfermo, el pobre o al que le hicieron algo, continuarás experimentado las mismas condiciones y le llamarás *destino*. Pero siempre puedes elegir quién quieres ser en este momento y unirte al mundo del poder y lo ilimitado.

Cómo deshacernos de las creencias madre

Como ya vimos en el capítulo anterior, las creencias madre (no soy suficiente; no soy importante; equivocarme o cometer errores es malo) dirigen muchos de nuestros pensamientos, sentimientos y elecciones. Si no somos conscientes de ellas, es fácil que gobiernen nuestra vida. Nos convertimos en marionetas y estas creencias son el titiritero detrás de la cortina de nuestra vida. Estas convicciones subconscientes nos invitan a sentir, hablar y actuar de maneras consistentes con las creencias limitantes, incluso si éstas no son congruentes con lo que nuestra mente consciente nos indica que nos traerá mayor felicidad, amor y bienestar.

Una excelente herramienta para trascenderlas, cuestionarlas y vivir libre de ellas es la metodología de Morty Lefkoe llamada DM.

El proceso DM consta de siete pasos a seguir:

1) Identifica el patrón indeseable
¿Qué ves recurrente en tu vida, en tus resultados, en tus blo- . queos emocionales, que crea patrones que hoy en día identificas que ya no te funcionan? Anótalo.

Te voy a poner un ejemplo:
Durante muchos años decidí vivir de manera inconsciente con la creencia de que yo *no era suficiente*. Lo veía reflejado en muchos aspectos de mi vida. De entrada, la creencia me tenía buscando algo en el exterior para darme validez, y cuando lo conseguía no me sentía merecedora, vivía gobernada por el control y la inseguridad. También tenía exigencias con mi físico de manera constante. Lo que hacía y cómo lo hacía no era suficiente, y no me sentía realmente merecedora del amor de otros.

Al vivir con esta creencia como la "verdad", necesariamente la proyectaba y veía un mundo insuficiente. Veía personas que no eran suficientes, padres que no eran suficientes, que no me habían dado lo suficiente, parejas que no eran suficientes, resultados en mi vida que no eran suficientes, mujeres que no eran suficientes, mi papel como mamá nunca era suficiente, mi desempeño como escritora no era suficiente, mi cuerpo no era suficiente, etcétera. ¿Te imaginas qué agotador, y cómo esto puede distorsionar tu experiencia de vida y tus relaciones? ¿Cómo una creencia te saca del presente, es decir, de tu vida? Lo más increíble es que el exterior hace resonancia con tus creencias, y creas situaciones para que puedas "evidenciarlo" aparentemente. Mi patrón recurrente era verme y relacionarme con el mundo con esta carencia. Y cuando las cosas no salían como yo quería ésa era mi "evidencia". Mi percepción estaba gobernada por la carencia, la falta, las fallas y la crítica.

2) Nombra la creencia con voz fuerte
Qué crees que te dices en el fondo, ¿que no eres suficiente? ¿Que no mereces? ¿Que no importas? ¿Que no debes fallar porque debes ser perfecto para ser querido o tener valor? Dilo con voz fuerte: "No soy suficiente", por ejemplo.

3) Identifica el origen de la creencia
Este tipo de creencias generalmente se forman antes de los 10 años a través de patrones de eventos, no como un incidente único, y están basadas en interacciones con la familia o las personas que están a tu cargo. Lo interesante es preguntarte: ¿Qué sucedió en mi niñez que pudo generar esta creencia de *no sentirme suficiente*? (en este caso).

Ubícate en un evento que pudo provocar que tuvieras esta creencia. En mi caso, cuando iba en preprimaria me reprobaron de año por ser disléxica, también en esa época se divorciaron mis papás. Creo que de estas vivencias llegué a la conclusión de que no era lo suficiente para sobrevivir en el entorno y tampoco lo suficiente para lograr que mi familia fuera feliz. A partir de ahí, muchos eventos (que como sabemos eran neutrales), yo los viví reafirmando mis creencias, situaciones como: no conseguir agradar, sacar malas notas, que me terminara algún novio, que mis padres estuvieran de mal humor o frustrados, todo lo relacionaba con la creencia: "Es porque yo no soy suficiente". Lo que vivía lo tomaba personal y cada vez me sembraba más en esa falsa identidad.

4) Describe otras posibilidades

Como no vives los eventos neutrales, la mente ahora cree que las evidencias de que no eres suficiente están en el mundo, en estos hechos. Una y otra vez crees haber "visto" que no eras suficiente. Es decir, asocias el significado con los eventos.

Te pido que describas otras posibilidades para interpretar el evento original o uno de peso emocional, fuera de la creencia. Estas posibilidades pueden no ser la "verdad", son sólo suposiciones que te acercan a ver estos hechos del pasado desde otra perspectiva.

Por ejemplo:

El primer evento en el que yo recuerdo haberme relacionado con esta creencia es cuando me hicieron repetir preprimaria por disléxica. Yo llegué a la conclusión de que era porque no era suficiente. ¿Qué más puedo ver ahora que soy mayor y puedo verme separada de los eventos? Morty Lefkoe nos invita a reconocer que es muy común haber llegado a esa conclusión, y probablemente muchos hubieran creído lo mismo en esa situación, pero ahora puedo deshacer las creencias falsas y no funcionales para que me suelten en el presente y en el futuro.

Para ello, hay que hacer de cinco a 10 suposiciones nuevas, como las que yo hice:

- No es que yo no fuera suficiente, simplemente el tipo de educación que brindaba la escuela no iba con el perfil de mi inteligencia, que era más abstracta.
- No es que yo no fuera suficiente, los maestros y la educación de esa época se enfocaban en aspectos limitados para definir a un niño.

- No es que yo no fuera suficiente porque ni la dislexia ni la inteligencia hablan del ser completo que ya era.
- No es que yo no fuera suficiente, sino que a esa edad yo creía que el exterior te da el valor y te define.
- No es que yo no fuera suficiente, sino que me tomé los hechos y los juicios de otros de manera personal.
- No es que yo no fuera suficiente, los compañeros me molestaron porque eso es lo que hacían los niños cuando reprobabas el año, no tenía que ver conmigo.

Al hacer este ejercicio observo cómo los hechos me hablan del tipo de educación, de los parámetros de los maestros y de las costumbres de los niños. En estas interpretaciones yo quedo fuera y neutral, con todas las posibilidades de ser completa, sin fallas y libre para decidir qué creer de mí.

Este ejercicio lo puedes hacer con todas las creencias madre y puedes irte reconociendo fuera de ellas.

5) Date cuenta de que no viste el "no ser suficiente" en el mundo

Cuando vivía con la creencia de no ser suficiente la veía asociada con los eventos. Por lo tanto, creía que *no ser suficiente* estaba marcado en mí. Como no puedo describir la creencia como puedo describir una pluma, como algo exterior que tiene un peso, un color o una medida, me doy cuenta de que está en mi mente y puedo eliminarla desde ahí.

6) Elimina la antigua creencia

En este paso volvemos a decir en voz fuerte la creencia para escuchar lo absurdo que es declararnos esto: "No soy suficiente".

7) Declárate creador de ti mismo

En este último paso reconozco que yo soy el creador de mis creencias y que no nací con ellas; también puedo reflexionar si es una creencia que ha decidido creer mi clan y yo tomé por buena, porque entonces también la he reforzado por imitación. Al hacer consciente lo inconsciente rompemos patrones y tenemos la opción de elegir algo diferente para nosotros, de esta manera nos alineamos a permitir que fluya a través de nosotros la vida de nuestros sueños. Ya no creamos resistencia con nuestras creencias.

¿Cómo remover las emociones de tus memorias del pasado?

Patrón de movimiento visual – emociones

Los seres humanos tenemos la capacidad de desencadenar reacciones químicas relacionadas con el miedo o emociones de baja vibración con tan sólo un pensamiento. De la mano de las historias mentales podemos revivir situaciones del pasado y obsesionarnos con recuerdos. A veces es el drama de ayer o tratar de controlar lo que pasará mañana para generar grandes desequilibrios fisiológicos en nuestro cuerpo.

Las emociones recurrentes son sensaciones físicas asociadas con nuestros pilares. Es la experiencia *mente sobre cuerpo*. Identificarte con tus memorias o recuerdos determina cómo te sientes y cómo vives. La mayoría de los seres humanos no vemos el presente limpio y el futuro bondadoso, sino que constantemente vemos el pasado en el presente, y como tu cuerpo está al servicio de tu mente, lo que decidas creer como real tendrá un impacto inmediato en él. De tal modo que si vives sembrado en el miedo, el cuerpo refleja este desequilibrio.

Lo que nos decimos acerca de las experiencias pasadas define la manera en que vivimos el momento presente. El miedo provoca una reacción en nuestro cuerpo, mediante la cual liberamos un coctel químico de cortisol, adrenalina y otras hormonas, que nos hacen enfocar nuestra atención al mundo exterior (ya que ahí es donde creemos que acecha el peligro) y nos ponen en modo de supervivencia.

Muchos de nosotros vivimos bajo miedo crónico, estresados por algo que pasó, por cualquier vivencia o memoria que haya creado una reacción emocional como resentimiento, enojo, frustración, ansiedad, tristeza o culpa. Estas reacciones químicas automáticamente se prologan porque la amenaza no parece desaparecer, ya que vive en nuestra mente. Cuando las fases de desequilibrio se prolongan, existe la posibilidad de que esto genere enfermedades. Muchos estamos tan acostumbrados a estas descargas químicas que el cuerpo no solamente ansía, sino que también las produce desequilibradamente, ya que nos hemos vuelto adictos a ellas.

A pesar de que nuestras memorias pasadas influyen en cómo experimentamos el ahora, tenemos la opción de no ser esclavos de nuestro condicionamiento creado. Podemos expandir nuestra visión del mundo, crear nuevos patrones neuronales y vivir una vida que se alinee con nuestro propósito de ser. Una expresión védica antigua dice: "El sabio usa memorias, pero no deja que las memorias lo usen a él". Como seres humanos tenemos el derecho de ser libres. Es nuestra decisión cuestionar nuestros pensamientos y expandir nuestra visión del mundo.

124 El libro de oro

Deja el pasado en el pasado

La psicóloga y psicoterapeuta Francine Shapiro nos enseña a dejar el pasado en el pasado. Ella nos explica que cuando vivimos algo que nos causa una emoción impactante, durante la noche, a través del sueño REM (que es cuando los ojos se mueven de un lado a otro), es cuando procesamos las memorias estresantes. Esto quiere decir que el sueño REM se encarga de filtrar o separar la memoria de la emoción para sanarla. De esta manera podemos recordar el evento sin que nos asalte la emoción como si lo estuviéramos viviendo ahora. Ella también nos enseña un método (científicamente comprobado) muy rápido y efectivo para liberarnos de emociones asociadas al pasado, con las que por alguna razón no alcanzamos a vivir el proceso del sueño REM.

Funciona así: provocando un movimiento de ojos, mediante el patrón de movimiento visual (PMV) que te muestro a continuación, se estimulan los dos hemisferios cerebrales, sosteniendo la memoria indeseable junto con la emoción. Esto hace que el hipotálamo, que se encuentra en medio de los dos hemisferios, haga la labor que quedó pendiente y elimina la emoción que nos tiene aprisionados.

El patrón de movimiento visual elimina las emociones no deseadas rápidamente y sigue trabajando 24 horas después de su aplicación. El proceso abre la posibilidad de crear el cambio apropiado en nuestra vida emocional en sólo unos minutos.

Pasos del PMV

- Identifica la memoria o emoción que te ha afectado o que te afecta ahora. (No lo tienes que decir, sólo pensarlo o sentirlo.)
- Identifica qué tan fuerte es del 1 al 10, siendo 10 el más intenso.

- ¿Qué tan familiar es este sentimiento para ti?
- ¿Te acuerdas de la primera vez que lo experimentaste? ¿O de alguna vez que lo hayas vivido o sentido?
- ¿Es vívido o es vago?

Desarrollo:

Para comenzar el proceso debes concentrarte intensamente en la emoción o en la memoria, o en ambas, mientras alguien te aplica el PMV. Realizarlo va a tomar sólo unos minutos: alguien debe pararse frente a ti y poner su dedo índice a 10 centímetros de distancia del punto donde se juntan tus cejas, haciendo un movimiento que siga la forma del infinito. Lo único que tienes que hacer es seguir su dedo índice con la vista, no con la cabeza, sosteniendo la memoria en tu mente con la emoción a la mayor intensidad. Es mejor si lo hacen parados, uno frente al otro. Los círculos deben ser lo suficientemente amplios para lograr un estímulo cerebral, por lo que al mover los ojos éstos deben abarcar toda la periferia ocular.

Hacemos este movimiento con el dedo índice seis veces en cada dirección.

6 veces

Por último, recuerda que el proceso sigue sanando aún después de ser aplicado, y puede realizarse una vez al día, hasta lograr intensidad 0 de la emoción. Cualquiera se puede beneficiar de este sencillo ejercicio. (Más información en la app de *El libro de oro*.)

La historia y el hecho: del ego a la nada

Las historias mentales aparecen todo el día (cuando alguien tiene un comportamiento que no nos parece, cuando no nos regresan una llamada, cuando terminas una relación, cuando tu padre no cambia su manera de ser o cuando un ser querido se enferma o muere).

Estos pensamientos se vuelven historias o narrativas no investigadas, que se transforman en teorías acerca de la realidad que a veces nos hacen sufrir. Cuántas veces nos ha pasado que nos damos cuenta de que nuestro miedo proviene de inventar relatos en nuestra mente acerca de los demás: "Seguro se enojó conmigo, porque ya no me llamó", "no creo que le haya caído bien", "esto no debería estar pasando". Inventamos historias que justifican nuestra posición de inseguridad, y nos damos cuenta más delante de que nuestro cuento era sólo una fantasía que no tenía que ver con la realidad, lo que nos provocó vivir sin la posibilidad de estar en paz.

> La mente nos inunda de justificaciones y pensamientos que le dan vuelo a nuestra tortura mental, misma que nos aleja de la realidad y del presente.

Tú puedes reconocer a una persona que se encuentra absorbida por su relato mental porque está ansiosa, lejana y ausente. La vida se lleva a cabo en sus pensamientos y no en la realidad.

Al responder de tal modo nos situamos en una posición de guerra, sin estar conscientes de que sólo estamos reaccionado desde un pensamiento no verdadero y, por lo tanto, ante el mundo de nuestra imaginación, lejos de una perspectiva neutral.

Es importante reconocer que esa historia, aunque nos quiera engañar haciéndose pasar por la realidad y, además, aunque muchas personas coincidan con ella, no es más que una ficción a la que le otorgamos el poder de convertirse en lo que somos: *yo y mi historia*. Yo, la enferma, a la que la dejó la pareja, el que sufre por el pasado, el que no tiene reconocimiento, la que no puede ser feliz por culpa de… La persona que busca siempre a quién contarle su historia con la cual está completamente identificada.

Cuando el ego encuentra una identidad dentro de nosotros es difícil que se desprenda de ella; así que, si puede engañarnos acerca de que somos nuestras historias, así lo hará, pues eso es lo que lo mantiene vivo y con fuerza.

Para saber si estás viviendo dentro de una historia basada en el ego identifica si dentro de ti existen resentimientos, enojo, ira, quejas u otros sentimientos negativos. Reconoce qué te estás diciendo, qué le está dando fuerza a estas emociones. Puede ser una historia contra alguien o algo, o contra alguna situación.

Una persona que se victimiza necesariamente precisa de una historia, un pasado. En el presente la historia ya no es, la víctima muere y, por lo tanto, el ego también; de ahí el gran poder de vivir en el ahora. Debemos estar alertas a que la identificación sea con el amor. Así es como nace la posibilidad de liberarnos del ego y conectarnos con la esencia misma.

Una pregunta importante es: ¿Qué está pasando realmente? Para contestarla es vital apegarnos a los hechos y limpiarnos completamente de interpretaciones y aseveraciones. Romper el hábito de asumir.

El hecho es lo que es; debe permanecer neutral, simplemente *es*. Si aceptamos el hecho de esta forma, podremos actuar con responsabilidad, definiendo quiénes queremos ser en función a él. Desde ahí podremos determinar nuestra siguiente acción. Si no logramos neutralizarlo, al clasificarlo como malo comenzaremos con la historia que lo respalda y no seremos capaces de desapegarnos de dicha situación.

Si quieres trascender un hecho que has vivido, tienes que sacarlo de la historia, soltar los pensamientos que lo acompañan, para que así se disuelva la energía y el poder que tenían sobre ti.

En gran medida, los seres humanos nos enojamos y frustramos con nosotros mismos por permitir situaciones destructivas, por no tener el valor de confiar en nosotros, por pagar precios altos al no dar el paso a una vida en armonía para nosotros.

Cuántos proyectamos nuestros enojos en los demás porque no podemos admitir que si estamos en una determinada posición es porque no hemos tenido la voluntad de analizar para qué nos encontramos ahí y qué estado de conciencia está haciendo resonancia en ello.

El gran despertar de cada uno es vivir en paz; es ahí donde reside nuestro poder: salir de la queja y vivir en la creación. El reto es que en este lugar se requiere responsabilidad y valor. ¿En qué lugar vives tú?

Vivir en tu historia evita reconocer que eres el *responsable* de tu sufrimiento, y que tú eres el liberador que has estado esperando, tú eres responsable de darte lo que estás *exigiendo* de otros. Libera a los demás para que puedas liberarte a ti mismo. Indagar acerca de la validez de tus pensamientos y dejarlos ir evapora el sufrimiento que ellos te provocan.

Existe una diferencia entre dolor y sufrimiento

El dolor es legítimo cuando un hecho nos lastima, como la muerte de un ser querido, la enfermedad de un ser amado o cualquier otra cosa que nos cause un impacto. *El sufrimiento es la narrativa que se apega al ego, son los pensamientos que le dan nuestro poder al hecho.* Es importante reconocer que lo que nos mantiene mal ya no es el hecho en sí, sino los pensamientos que nos alejan de la aceptación.

Mesa de trabajo

La Mesa de trabajo es una dinámica con la que puedes trabajar por las noches, cada vez que una situación te robe la paz, o diariamente como un hábito para transformar tu interior. Es una hoja que te invita a hacer una dinámica personal en la que comienzas a conocerte, la cual te da la oportunidad de ver en papel tu malestar y sanarlo. Funciona de la siguiente manera:

1) Primero, separa el hecho de tu historia y ponlo en el recuadro amarillo (recuerda que ejemplos de hechos son: el dinero, una enfermedad, la muerte, la escuela, el tráfico, el peso, el físico, una relación, una herencia, etcétera). El hecho es lo único cien por ciento evidente de tu historia, y tu historia es todo lo que te dices del hecho.

2) Si hay personas involucradas en tu situación, pon sus iniciales en cada uno de los círculos grises.

3) En las rayas abajo del hecho escribe tres pensamientos que tienes en relación con el hecho, que te roban la paz.

4) En las rayas junto a las iniciales escribe tres pensamientos que te roban la paz de cada persona involucrada en el hecho.

5) Trabaja cada uno de los pensamientos con las cuatro preguntas de Byron Katie y sus vueltas, que aprendiste en este capítulo.

6) Responde las preguntas que se encuentran debajo de la Mesa de trabajo.

Ve una demostración de esta dinámica en la app del libro. También ahí encontrarás las planillas de la Mesa de trabajo.

MESA DE TRABAJO

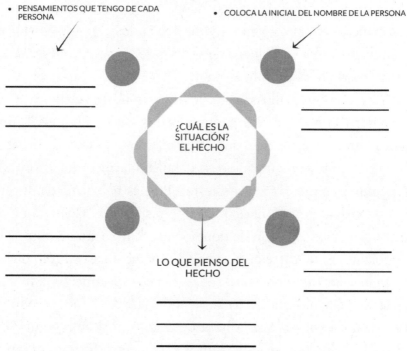

INSTRUCCIONES:

- PENSAMIENTOS QUE TENGO DE CADA PERSONA

- COLOCA LA INICIAL DEL NOMBRE DE LA PERSONA

¿CUÁL ES LA SITUACIÓN? EL HECHO

LO QUE PIENSO DEL HECHO

APLICAR LAS PREGUNTAS DE BK A CADA PENSAMIENTO

¿TOMASTE RESPONSABILIDAD DENTRO DE LA SITUACIÓN?

S   N

¿QUÉ APRENDISTE DE ESTA SITUACIÓN? ¿SE RELACIONA CON ALGUNO DE TUS PILARES? ¿LO QUE TENÍAS QUE VER?

S   N

¿PUDISTE VER TU PARTICIPACIÓN? ¿EN EL ÁMBITO EN EL QUE ESTABAS?

S   N

Figura 2.2. Modelo "Mesa de trabajo"

Qué aprendo al hacer este trabajo

A través de la Mesa de trabajo puedo conocerme a través de las relaciones: "Veo al otro en mí y me veo en los demás". Puedo ver claramente que lo que juzgo de otros y de las situaciones vive en mi mente y ahí vive mi libertad.

Hay una maravillosa historia sufí que ilustra cómo este espejo impacta nuestras vidas, que dice así: Un hombre visitó una aldea para ver al maestro sufí, el anciano más sabio. El hombre le dijo: "Estoy contemplando si debo mudarme aquí o no. Me pregunto qué tipo de aldea es ésta. ¿Puedes hablarme de la gente que vive aquí?". El maestro sufí le respondió: "Cuéntame qué clase de personas vivían de donde vienes". El visitante dijo: "Oh, eran ladrones de carreteras, tramposos y mentirosos". A lo que el viejo maestro sufí contestó: "Sabes, ésa es exactamente la misma clase de personas que viven aquí". El visitante abandonó el pueblo y nunca volvió. Media hora después, otro hombre entró en el pueblo. Buscó al maestro sufí y le comentó: "Estoy pensando en mudarme a esta aldea. ¿Puedes decirme qué tipo de personas viven aquí?". Una vez más, el maestro sufí dijo: "Dime qué tipo de personas vivían de donde vienes". El visitante respondió: "Eran las personas más amables, gentiles, compasivas y amorosas. Los extrañaré terriblemente". El maestro sufí dijo: "Encontrarás el mismo tipo de gente en esta aldea".

Así pues, esta pequeña historia nos explica que el modo en que nos relacionamos con la vida dependerá mucho del trabajo interior que estemos dispuestos a hacer. La vida sucede en tu mente en todo momento.

CAPÍTULO 3

Construye tu gran vida. Las herramientas más efectivas para diseñar tu vida

Ya eres lo que deseas

Todo en lo que deseas convertirte ya lo eres. Lo que te detiene de manifestar lo que eres en el plano físico son las creencias que tienes acerca de ti mismo y de la realidad. Date la oportunidad de ver el sinfín de posibilidades que tienes en todo momento para que reveles en tu vida las semillas que ya viven en ti.

Somos seres completos, tenemos todo lo que necesitamos dentro de nosotros. Lo único que no nos permite verlo son nuestros miedos, creencias y ego. ¿De qué crees que careces? ¿Es cierto? ¿Es absolutamente cierto?

Entre más conscientes nos volvemos, menos poder tienen nuestras creencias y estamos menos apegados a nuestro ego. Nuestro verdadero ser se acerca a la superficie para sentir la claridad de lo que somos y verlo plasmado en la vida.

La vida es una experiencia mental; mira esta historia: un grupo de investigadores de Harvard creó un estudio en el cual juntaron a un grupo de voluntarios que no sabían tocar el piano. Dividieron a este grupo en dos. Un grupo estuvo practicando ejercicios sencillos de digitalización durante dos horas durante cinco días, mientras que la otra mitad tuvo el mismo número de sesiones; sin embargo, ellos las usaron para imaginar que estaban tocando el piano. Los escáneres cerebrales tomados antes y después del experimento demostraron que la programación neurológica y las conexiones neuronales en la zona del cerebro que controla el movimiento de los dedos había aumentado en todos los individuos. Los cerebros de los voluntarios de ambos grupos reflejaban los mismos cambios.

Considera qué tan poderosa es nuestra imaginación, que el grupo que no movió ni un dedo tuvo los mismos cambios cerebrales que el grupo que practicó físicamente tocar el piano. Si el grupo que usó la práctica mental hubiera tratado de tocar el piano después de estos cinco días hubieran sido capaces de ejecutar el ejercicio a la perfección.

Al imaginar la actividad todos los días, instalaron el programa mental previo a la vivencia. A través de la intención y la práctica crearon y activaron nuevas redes neuronales. Así de poderosa es la mente cuando la entrenamos. Este entrenamiento mental es capaz de transformar el cerebro y el cuerpo mediante el poder del pensamiento. Esto explica por qué, cuando te levantas por la mañana y empiezas a pensar en lo que tienes que hacer, en las conversaciones que tuviste el día anterior y a los lugares que debes ir (en otras palabras, cuando empiezas a ensayar mentalmente), y además le sumas al proceso una emoción, te condicionas a comportarte de una manera como si todo eso ya hubiera pasado y entonces lo manifiestas.

Manifestación

Como vimos, creamos nuestra realidad física a través de nuestra imaginación. Es la puerta de entrada al mundo material, es como pasamos al mundo de la forma y le llamamos manifestación. Todo se crea primeramente en un plano que no vemos, con una mezcla de imaginación y nuestro estado de conciencia. La combinación de ambos hace un espejo en el plano físico.

Por ejemplo, imagina que cortas un limón en gajos, tomas un pedazo y lo pones entre tus dientes y lo muerdes. Siente el jugo del limón chorrear en tu boca mientras lo muerdes. Es muy probable que el simple pensamiento haya creado un efecto físico en tu cuerpo, como producir saliva o hacer una cara. Pero ¿dónde estaba ese limón antes de que te pidiera que lo pensaras? No existe en el mundo físico, existe en el mundo de las infinitas posibilidades.

A pesar de que los pensamientos se originan en el plano que no vemos, su impacto se siente en el plano físico.

El estado de conciencia en el que vivimos (según la tabla del capítulo 1) es la causa de nuestra imaginación, y lo que vemos en el plano físico es el efecto. Por lo tanto, a través de nuestra capacidad de elegir, imaginar y sentir las ideas que sostenemos como reales, se manifiesta la vida que hace eco con lo que cargamos dentro.

No obstante, para descubrir el secreto de la creación tenemos que estar dispuestos a cambiar el estado de conciencia en el que estamos.

Los pensamientos se fijan en la mente mediante las emociones. Ninguna idea puede ser impresa en el subconsciente hasta que se carga emocionalmente; sin embargo, una vez sentida es expresada, por lo cual es importante estar conscientes de nuestros sentimientos. De no estarlo, manifestamos estados no deseados. Estar conscientes de nuestras emociones no significa suprimirlas o limitarlas, más bien se trata de la disciplina de regresar a nuestro propósito del ser o contexto de maestría. Sostén sentimientos que contribuyan a un estado de felicidad, paz, amor, gratitud y armonía.

Para ser capaces de manifestar nuestros deseos, deben ser sentidos como un estado que ya es. Al conectarnos con el sentimiento del estado deseado, nos liberamos de todo el esfuerzo de hacerlo, porque ya es así en el mundo de la conciencia y así aparecerá en el plano físico.

La mente no determina algo como verdadero o falso. Acepta como verdad lo que admites como tal. Las emociones se rigen por lo que se declara como la verdad. Para estampar la mente con el estado deseado debemos asumir el sentimiento como si ya hubieras obtenido lo que quieres vivir y experimentar. Muchas veces somos nosotros los que frenamos que nuestros deseos se manifiesten. Por eso es importante que cuando estés manifestando algo, te concentres en tu intención. No pienses en las dificultades o las razones por las cuales va a ser complicado o irreal realizarlo, si lo haces, los obstáculos se vuelen un requerimiento mental y los manifiestas en el mundo exterior.

Mientras que estamos en el estado mental "Me gustaría, pero no puedo", no daremos el paso deseado. No atraes aquello que quieres, atraes aquello que eres consciente de ser. Sentir el deseo como imposible es cerrar la puerta y negar la expresión de ese deseo. Elevarse en conciencia a la naturalidad del deseo es mandar una información congruente de que estamos alineados para experimentar lo deseado.

Pero recuerda, para que tus deseos sean manifestados deben ser una afirmación y no una súplica. Cuando nos conectamos con el sentimiento del estado deseado, dejamos ir las dudas. No cuestionamos si se manifestarán o la manera en que lo harán. Adquiere primero el estado de conciencia y deja las cosas fluir. Ten fe. La conciencia es la puerta a un sinfín de posibilidades.

¿Qué es lo que nos aleja de manifestar lo que deseamos?

Las dudas frenan tu expresión de crear. Vivir en estados de baja vibración manifiesta más de lo que ya pensamos y no deseamos. Si tus deseos están alineados al ego, te alejarás de la verdad universal. Si nos sostenemos en gratitud abrimos la abundancia a nuestra manifestación.

La puerta a la manifestación

¿Cómo me sentiría si mi deseo fuera ya mi realidad? Ése es el sentimiento que debes de canalizar y visualizar mientras te relajas y te dejas llevar. La clave es que antes de quedarte dormido vivas en la conciencia de *ser* lo que quieres. Tu estado de conciencia antes de dormir define el estado de conciencia que quieres grabar en tu mente. Si antes de dormir asumes y mantienes una conciencia de paz, sintiendo "Yo soy paz", entonces serás paz.

Esto quiere decir que si, por ejemplo, deseamos estar en una relación en armonía, experimentemos la vida como si ya estuviéramos en la relación que queremos vivir. Es como el control de la televisión, no le puedes subir o cambiar de canal si estás usando el control de otra televisión. El control y la televisión deben estar en la misma frecuencia. Asimismo, la conciencia y el deseo deben estar en la misma frecuencia y el efecto aparece en el plano físico que se acomoda a ti, no tú a él como nos lo hace creer la mente dual.

Alguien que está completamente alineado, ha ordenado su energía, pensamientos, acciones y palabras con aquello que quiere vivir. No se trata de anhelar (futuro) ser alguien un día, esto nos pone hoy en contexto de carencia en el presente, sino de vivir y experimentar la vida como si ya fueras o si ya tuvieras aquello que deseas vivir. Si logramos hacer esto, vivimos en un potencial de posibilidades. Es importante que tus acciones diarias se mantengan en alineación con aquello que "ya eres".

Puedes hacerte algunas preguntas como:

- ¿Qué vida tienes y cuál quieres? Imagínala.
- ¿Qué manifiestas?
- ¿Tus pensamientos, palabra, energía y acciones están de la mano?
- ¿Eres esa persona en todas las áreas de tu vida?

Y recuerda que el universo está aquí para apoyarte, así que permítete recibir.

Otra excelente pregunta en este momento es: ¿crees que vives en un universo amigable, amoroso?

Si no lo crees así, cuestiona tus creencias hasta que te puedas unir al universo en amor, si no vivirás a la defensiva, creyendo en un universo castigador y esto es una profunda limitante.

Ejercicio nocturno:

Acuéstate de espaldas con la cabeza al mismo nivel de tu cuerpo, relájate y visualízate como si ya estuvieras en posesión de tu deseo; déjate llevar a la mente subconsciente. Siéntete en el estado de tu deseo realizado y armoniosamente cierra los ojos, quédate dormido. Cuando estés en este estado pacífico y sereno imagina que has realizado tu deseo. No te preocupes o pienses en *cómo* es que fue realizado. No te limites al pasado.

Nada es imposible para la conciencia, pues no opera en el tiempo lineal, así que todo es posible en todo momento, sin razonamiento. Imagina estados más allá de las experiencias pasadas. El proceso creativo empieza al permitirte. Después sigue el estado creador o cuando creemos y sentimos lo que imaginamos. Tu mente es tu único límite aparente.

Hacer este ejercicio es como ver el final feliz de una película; aunque no te mostraron cómo se logró el final, permaneces tranquilo y seguro en el conocimiento de que el final ha sido perfecto.

Es importante hacer la distinción de que nuestras acciones y los eventos del día son los efectos, no son la causa. Sin embargo, no inviertas tiempo en arrepentimientos o resentimientos, ya que pensar en el pasado es fortalecer la ilusión del sufrimiento. Cada reacción deja una impresión subconsciente y, a menos de que sea equilibrada, es la causa de la creación futura.

Declara:

> En cada momento estoy creando, manifestando, y recibiendo amor. Trabajo de la mano del Universo. Suelto el apego de los resultados y me permito ser apoyado por el universo en formas que ni siquiera había imaginado.

El poder de la palabra

Examina tu lenguaje, si te hace sentir poderoso y verdadero entonces está en alta vibración. Si, por el contrario, tus palabras no te dan poder, elimínalas de tu vocabulario.

Tu cuerpo también te puede dar señales. Cuando dices algo en voz alta, trata de ser consciente de dónde lo sientes cuando dices algo verdadero y dónde cuando dices algo que es falso. Elimina con las cuatro preguntas de Byron Katie del capítulo 2 cualquier pensamiento que baje la frecuencia que se alinea con tu grandeza. Acuérdate de que ninguna creencia es real, verdad o razonable. Simplemente evalúa si te funciona o no para tus objetivos.

Cuestionando nuestros miedos y confiando en el Universo

¿Alguna vez has querido hacer algo, pero piensas las razones por las cuales no serías capaz de lograrlo? A mí me pasaba esto constantemente antes de cuestionar mis limitaciones/pensamientos y darme cuenta de que yo me detenía por mis pensamientos.

Rápidamente saltaba a la lista de todas las limitaciones que observaba en mí y en la "realidad". Esto es así porque nuestro ego nos limita constantemente. Por ello hay que encontrar las razones para mantenernos "sanos y salvos" fuera de cualquier exposición.

Mi vida se debe a la confianza:

Desde hace mucho aprendí que si seguía mi intuición no erraba, pero si trataba de explicarle a las personas desde la lógica mis decisiones, no hacía sentido. Muchos me decían: "Lo que te propones no es lógico, no te va a alcanzar el dinero, no es buen momento, esas cosas no pasan, para de soñar". En mi interior escuchaba todas las amenazas y miedos protectores de otros de las decisiones que he hecho en mi vida, pero en el fondo yo siempre he sabido que el Universo no se apega a la lógica, se apega al interior. Genaro, mi compañero de vida, y yo vivimos así. Nos ocupamos del qué y el Universo nos abre el cómo.

Podría contarte muchas historias de cómo he construido una vida de sueños cumplidos. Mi familia, salir adelante en Estados Unidos, volverme escritora, consolidar mi escuela, la paz con la que vivo, y hacer hoy en día sólo lo que más disfruto.

La realidad es que empecé con un trabajo y un colchón inflable en Estados Unidos hace 20 años. Hoy tenemos tranquilidad económica y una vida feliz. Todo esto ya vivía en mí, permití que floreciera, me escuché y confié en mí y en el Universo. Todo lo que he vivido es producto de coincidencias, sincrodestino, confiar y salir de la "lógica", que para mí tiene mucho que ver con el miedo.

Me acuerdo de que una amiga una vez me dijo: "¿Y no te da miedo hacer todo lo que quieres?". Y pensé que me daría más miedo que pasara la vida y no haber vivido la vida que era para mí.

El otro día, también platicando con otra amiga, me preguntó: "¿Cuál crees que es el secreto de tu éxito?". Y le contesté: "Saber que nada es tuyo, y por eso todo es tuyo; vivir sin apego". Le conté que en una ocasión, cuando mis hijos tenían como dos y tres años, nos quedamos sin dinero, sin amigos y sin trabajo. En ese momento pensé que era un reto y caí en una depresión. Mi madre me prestó dinero para volar a México con los niños y fui a ver a un médico para tomar antidepresivos. Cuando me empecé a sentir mejor, tuve de las mejores experiencias de mi vida. No tenía nada. Qué delicia. Mi peor pesadilla hecha realidad y no había pasado nada. Diario tenía quién me invitara a su casa, mucha gente me ofreció ayuda, apoyo, amor, cuidados, techo, comida, hasta me pagaron un viaje con los niños a la playa. Pasé meses riendo y viviendo sin aparentemente nada. En ese tiempo aprendí que verdaderamente el Universo me sostiene con todo e hijos. Desde esa experiencia todo lo que ha venido lo he recibido con amor, pero sé que no lo necesito. Vivir desde esa paz me puso en una frecuencia de abundancia y sin miedo. Lo peor que puede pasar es que no pasa nada. Vive libre, ya todo está en ti.

Sincrodestino

La promesa de potencial ilimitado

Existe una manera de reconectarnos con la fuente del potencial ilimitado. Todo lo que se necesita es la voluntad de expandir nuestras fronteras, de reconocer la verdadera naturaleza de la realidad, de cuestionarnos, ser conscientes y ver nuevas oportunidades y posibilidades. Con el apoyo de las técnicas de este libro encontrarás que el mundo se abre para ti. Ahora tienes injerencia en las casualidades que parecían oportunidades de suerte. Lo importante es expandir tu percepción...

Imagínate que estás en un cuarto totalmente oscuro. La única herramienta que usas para iluminar tu camino es una linterna. Al prenderla, puedes ver un hermoso camino de flores por andar. Después de apreciarlas piensas: "Son hermosas, pero será que ¿esto es todo lo que hay?". Y, de repente, tu vida se ilumina por completo. Miras a tu alrededor y te das cuenta de que estás en un bosque mágico. Estás rodeado de un entorno bellísimo, indescriptible para las palabras. Una vez que toda esta magia ha sido revelada ante ti, te das cuenta de que tienes toda una vida para gozar y amar este bello reino. Tus limitaciones han quedado atrás, ya no estás restringido a ver tan sólo un camino estrecho que dependía del resplandor de tu linterna.

Ser conscientes hace esto, enciende las luces. Nos regala la habilidad de tomar decisiones que se alinean con nuestra verdad, nos ayuda a darle sentido al mundo, a ver que todo y todos estamos conectados, a elegir la vida que queremos, a reconectarnos con nuestro verdadero ser. A través de la conciencia obtenemos la habilidad de transformar nuestra vida alineados a nuestra intención.

Muchos creen que los milagros pasan raramente o en tierras lejanas. Parecen ser historias de cuentos de hadas. Pero la realidad es que los milagros están en todo momento frente a nosotros, pasan alrededor del mundo y en nuestra vida si somos capaces de percibirlos. Brotan de su fuente oculta y nos rodean de mágicas oportunidades.

Los milagros o sincronicidades son parte de nuestra vida. Tenemos la opción de volvernos consciente o de seguir siendo ciegos a la sincronicidad que existe *para* nosotros. Al convertirnos en seres conscientes transformamos la experiencia de vivir en maravillosa, emocionante y mucho más deslumbrante de lo que jamás creímos posible.

La pregunta es: ¿crees que puedes reconocer un milagro o un momento de sincronicidad cuando se cruza en tu camino?

Más allá de tu cuerpo físico, tus pensamientos y emociones, existe un reino/plano dentro de ti donde todo es potencial puro; en este espacio existen infinitas posibilidades. Esta parte de ti está entretejida con todo lo que has interpretado, todo lo que existe y todo lo que está por venir.

Cada vez que experimentamos una coincidencia tenemos la opción de dejarla pasar sin que le demos importancia o significado, o podemos verla como un mensaje. Al escuchar al universo y su sabiduría, estamos conscientes de las oportunidades que nos ofrece para vivir la vida en constante asombro e inspiración.

Muchos de nosotros vivimos en un contexto constante de vergüenza, culpa, miedo y exigencia. Aquellos que entienden la verdadera naturaleza de la "realidad", que es amor y generosidad pura, viven en su poder, en su contexto de maestría. Se desconectan de contextos egoicos. Una vez que entendemos cómo fluye la energía, información e inteligencia, entonces empezamos a ver el potencial infinito que existe en cada momento. Al vivir una vida con aprecio por las coincidencias, te conectas con el campo sub-yacente de las infinitas posibilidades.

Es fácil darnos cuenta de las coincidencias cuando las vemos en retrospectiva, pero si logramos darnos cuenta de ellas en el momento en que están sucediendo estamos en un mejor lugar para abrir las posibilidades latentes. Entre más atención les das a las coincidencias más probable es que las uses de manera eficiente.

Cuando aprendemos a vivir desde nuestro verdadero ser abrimos las puertas a que múltiples realidades aparezcan para nosotros. Reconocemos que todo y todos estamos conectados. Nos volvemos conscientes de los increíbles ritmos sincrónicos y patrones que gobiernan nuestra vida. El temor y la ansiedad desaparecen cuando quedamos maravillados al observar cómo se desenvuelve el mundo. Notamos la evidente red de coincidencias que nos rodean. Damos un paso atrás y confiamos en la inteligencia que nos gobierna. Revelamos la magia que se esconde en lo más profundo de nuestro ser y nos deleitamos en nuestra nueva realidad. Conscientemente damos forma y poder a nuestras expresiones creativas ilimitadas y vivimos nuestros sueños más profundos, acercándonos a la iluminación. Éste es el milagro del sincrodestino.

Si pones atención, encontrarás que los milagros no son solamente posibles, sino abundantes. Las transformaciones suceden todos los días, a todas horas, y en cada segundo de la vida. En este preciso momento, las semillas yacen latentes dentro de ti. Libera tu potencial ilimitado y vive una vida alineada a tu verdad.

Cuando experimentamos estrés, preocupación o ansiedad nos cerramos a la oportunidad de ver posibilidades y agradecer por tener la humildad de rendirnos a la vida y transformar la mirada. Le cerramos la puerta a la sincronicidad, que es un medio para ponernos en contacto con la fuente, con nuestra propia divinidad.

Cuando vivimos conscientes de las sincronicidades, vivimos para encontrar el significado y el propósito de la vida. Son un medio para tener experiencias de amor y compasión, para co-crear con la inteligencia universal. Para conectarnos de manera efectiva con la sincronicidad debemos tener una actitud abierta y entregarnos al dominio universal, el cual es mucho más grande de lo que podemos imaginar. Rendirse requiere un salto de fe, saltar hacia lo desconocido. La sincronización es un proceso creativo, basada en una fase de incubación y rendición. Vivir en sincrodestino quiere decir que participamos conscientemente en la creación de nuestra vida.

Tu diálogo interno debe apoyarte en este camino.

Declara:

> Dejo a un lado la idea de cómo las cosas deberían ser, así el sentido de mi ser se expande.

En este momento debes eliminar lenguaje como:

- Sí, pero…
- Esto no pasa bajo las circunstancias que yo vivo…
- Dado a lo que me hicieron…
- Dado a lo que viví…
- Cualquier tipo de cinismo…
- Para mí es muy difícil…
- Tengo mucho miedo…
- A mí nunca me pasan estas cosas que parecen de magia…
- En la vida real esto no aplica…

- Me enfocaría en esto si no tuviera tantos problemas…
- En la industria que yo trabajo esto no opera…
- En mi país esto no sucede…

Éstas son las conversaciones más comunes que saltan cuando los pilares de limitación frenan tu despertar. Es el ego resistiéndose a ti. Ojo, si algo de este diálogo te brinca, reconoce que es la justificación en las personas que viven fuera de la magia. Acuérdate que lo que creas, creas. Y lo que digas así será, pues manifiestas tu estado de conciencia en todo momento, y a veces piensas que tú no tienes ninguna injerencia o responsabilidad en lo presente.

Ejercicio:
Toma cinco minutos hoy y siéntate en silencio. Pregúntate:

- ¿Quién soy realmente?
- ¿Qué quiero para mi vida?
- ¿En dónde radica mi verdadero poder?

Suéltalas y permite que tu voz interior te dé las respuestas. Después, escribe lo que tu voz interior te respondió. Si te comunicas con tu sabiduría, te darás cuenta de cómo las situaciones, circunstancias, acontecimientos y relaciones dejan de ser un "problema". Verás un orden más allá de lo aparente. Éste es el comienzo de vivir en sincronicidad.

La naturalidad de la sincronicidad

El cuerpo humano puede mantenerse vivo sólo si funciona de forma sincrónica, y todo esto sucede a través de una correlación con el universo. ¿De qué otra manera billones de células hacen millones de cosas por segundo y coordinan sus actividades para que tú puedas vivir? ¿De qué otra manera tu cuerpo podría generar pensamientos, mantenerse en homeostasis y sonreír al mismo tiempo?

Para mover un pie, primero tienes el pensamiento o intención. Esto activa la corteza cerebral, que envía un impulso nervioso a través de la médula espinal hacia las piernas y mueve el pie. Eso en sí mismo es un milagro. Pero vamos un poco más allá, ¿de dónde viene el pensamiento? Antes del pensamiento, no había energía, pero al tener la idea y la intención de mover el pie, se crea una tormenta electromagnética en el cerebro, el cual se transporta por los nervios y descarga sustancias químicas. Si lo percibimos de esta manera podemos decir que esto es un fenómeno muy lineal, mecánico y físico, excepto por la primera parte, el pensamiento que lo empieza todo. ¿Cómo crea el pensamiento manifestación física?

Los científicos comprenden los mecanismos del cuerpo, los neurotransmisores y las contracciones musculares y todo lo relacionado con el cuerpo físico. Pero hasta ahora, nadie puede mostrar a través de experimentos de dónde viene el pensamiento o la intención, y cómo operan en el plano material en microsegundos. El pensamiento no se puede ver, pero sin él la acción de mover el pie podría no haber ocurrido. Esto quiere decir que de alguna manera tu conciencia se convierte en información y energía que crea la realidad.

Vivir el sincrodestino

Ahora que sabes que los milagros existen, ¿a qué milagros accederías?

El océano representa la realidad universal, es un abanico de infinitas posibilidades. Cada uno de nosotros es como una ola en ese océano. Somos creados por él y constituye la esencia de quienes somos. Así como las olas toman una forma específica, nosotros también adaptamos patrones de la realidad o conciencia. Este inmenso e interminable océano de posibilidades es la esencia de todo el mundo físico. El océano representa lo no local, y la ola se puede considerar lo local. Ambos están íntimamente conectados.

Visto de esta forma, el ser puede ser dividido en dos partes. El ser espiritual, no local, el que existe a nivel universal. Éste es puro, poderoso y capaz de cualquier cosa. La otra parte del ser es la parte individual, el contraste local. Una vez que interpretamos a cada persona como procedente de lo universal, entonces podemos ver claramente nuestro lugar y el de otros en el mundo. Somos ambos, seres tanto locales como no locales. Somos un patrón individual que surge de la inteligencia no local y somos parte del Todo. Esto es lo que sostiene nuestra vida diariamente. El mismo potencial ilimitado de ser reside en cada uno de nosotros. Todos somos seres sabios cuando soltamos la resistencia, evaporamos el miedo y las aparentes limitaciones de la personalidad y el pasado.

Al aprender a vivir desde el nivel del ser, vemos que estamos conectados a todos los hermosos ritmos del Universo. Nos reconocemos como los creadores que somos. Soltamos el miedo, el anhelo, el odio y la ansiedad. Vivir desde el nivel del ser significa ir más allá del ego y más allá de las limitaciones de la mente.

En la inmensidad del océano no hay un "yo". Existen olas, mareas y corrientes, pero al final, todo es parte de lo mismo. Como el mar, todos somos patrones de lo no local.

Deja de planear desde el ego, suelta la necesidad

Cuando soltamos la necesidad de analizar, de formular estrategias, de preocuparnos por estar preparados para el peor resultado (fantasías mentales del pasado o ansiedades del futuro), se abre la oportunidad de estar presentes. Vivimos en el ahora. Cuando nos entregamos a este momento, lo que hacemos es trascender la identidad que nos acompaña en este mundo físico y nos abrimos al campo cuántico.

Sé que cuando te invito a cuestionar tu pasado, tu idea del futuro, tu falsa identidad, entorno, creencias o declaraciones, lo escuchas como algo difícil, pero más complejo es vivir una vida sosteniendo la limitación que esto provoca… Cuando accedemos al *quantum* entendemos que:

- El *quantum* es la expresión de las leyes de la naturaleza.
- El *quantum* es el mundo de lo imprevisible.
- El *quantum* es un mundo inmaterial definido por la ausencia de los sentidos.
- En el *quantum* el único límite es tu imaginación.

¿Te has dado cuenta de que no somos conscientes de que tenemos el dedo chiquito del pie, a menos de que le prestemos atención? El dedo siempre ha estado ahí, la diferencia es que no estábamos siendo conscientes de él. Lo mismo sucede con el mundo cuántico. Entre más conscientes somos de él, más presente está en nuestra vida. Para crear nuevas posibilidades tienes que fijarte en ellas. En el mundo cuántico ya no hay lugar adónde ir, ya que a través de la mente estamos en todas partes en todo momento. Nos sentimos tan plenos y completos que no necesitamos nada. Cuando estamos conscientes del *quantum* no juzgamos a nadie porque entendemos que somos todos. En el *quantum* el tiempo es infinito.

¿Qué es un salto cuántico en nuestra vida?

De pequeños, cuando estudiamos acerca de los átomos, aprendimos que éstos tienen un núcleo que contiene protones y neutrones, y que los electrones rodean el núcleo en órbitas que se encuentran a una distancia fija del núcleo. Se nos dijo que los electrones casi siempre se quedan en la misma órbita, pero que tienen la capacidad de cambiarse a una distinta. Si un electrón tiene más energía puede subir a una órbita superior. Si pierde energía, puede caer a una órbita más baja. Lo que la mayoría de nosotros no aprendimos es que cuando un electrón cambia de órbita, no se mueve a través del espacio/tiempo para llegar a su nueva ubicación, simplemente se transporta de un momento al otro, sin tener que viajar a través del espacio intermedio. El electrón que estaba en la órbita A puede transportarse a la órbita C sin aparente proceso lineal.

De igual manera, un salto cuántico es un cambio inmediato en el estado de un conjunto de circunstancias a otro, sin pasar por las circunstancias intermedias. Es un salto no lineal. Esto también sucede con los seres humanos. Una vez que cambiamos un lenguaje de baja frecuencia por uno de alta vibración hacemos un salto cuántico, podríamos sanar cualquier situación en unos segundos sólo por "darnos cuenta" de nuestro poder, algo que aparentemente en el tiempo lineal nos llevaría años sanar.

Por ello el libro *Un curso de milagros* nos dice: "No hay grado de dificultad en los milagros".

Recuerda que milagro se refiere a un cambio de percepción del miedo al amor.

Lo que se requiere es voluntad de ver las cosas desde otro eje. Por ejemplo, el libro nos explica que es lo mismo sanar la muerte de un ser querido que un choque que raya el auto. Cualquiera de los dos requiere percibirlo desde los ojos del amor. Es "reconocer" que está en ti el milagro. Es decir, lo que podemos percibir como algo muy difícil de sanar, o lo que percibimos como algo molesto pero que vamos a superar tiene que ver con el observador, y con la voluntad de éste para vivir en paz. Por ello no hay grado de dificultad en los milagros... no etiquetes algo más complejo que otra cosa para sanar.

Ejemplo del cambio del lenguaje para provocar un salto cuántico:

1) "Por culpa de mis papás no he podido salir adelante." (Baja vibración = falsedad, emoción, culpa: vibración 20 en la tabla de conciencia.)

En cambio:

2) "Explorando la situación de mis padres, veré qué otras alternativas tengo para lograr mis objetivos. (Alta frecuencia = poder/responsabilidad, verdad, aceptación, paz: 500 en la tabla de conciencia.)

El cómo del sincrodestino

La intención y la atención

Intención:

¿Qué es intención? Generalmente entendemos la palabra "intención" como un pensamiento de algo que queremos lograr en nuestra vida o que queremos para nosotros mismos. En realidad, es mucho más que eso. Es poder creativo. Visto desde una manera básica, la intención es un pensamiento o declaración que te ayuda a satisfacer cierta necesidad y a través de satisfacerla encuentras felicidad, plenitud o vivir en el estado de ser que desees. Todo lo que sucede en el universo comienza con una intención. Cuando decido comenzar un proyecto, tomar una taza de té o ver una película, comienza con una semilla de intención, esté consciente o no de esto.

Existe también la intención universal, y la intención que se crea en la mente local; en otras palabras, la mente universal se convierte en la realidad física a través de nosotros. Si lo permitimos nos volvemos un instrumento para la que mente mayor trabaje a través de nosotros y, así, compartimos con ella la misma intención. Por ello es tan importante la sintonía con el universo en todo momento, y ser humildes mentalmente para vivir con la mente abierta y unida al Todo.

Como la gravedad, la intención es el gran poder en la naturaleza. Nadie tiene que creer en la gravedad para que funcione. No se requiere saber de ella para que opere en todo momento, es una ley que actúa en el mundo, la entendamos o no. La intención funciona de la misma manera. Es la base misma de la creación. Organiza de forma sincronizada las actividades aparentemente caóticas en un sistema dinámico, altamente organizado. Va más allá de la percepción y la cognición. Es la base de todo aprendizaje, recuerdo, razonamiento y actividad motora.

Toda la actividad en el universo es generada por una intención. Según la tradición védica: "La intención es el verdadero poder de la naturaleza". Mantiene en equilibrio todos los elementos y poderes globales que permiten que el universo continúe evolucionando.

Cuando se repite la intención, se crea el hábito. Cuanto más se repite una intención, más probable es que la conciencia universal cree el mismo patrón y manifieste la intención en el mundo físico.

Por cada intención que elijas conscientemente pregúntate: "¿Cómo me serviría esto, y cómo les serviría a todos aquellos con los que tenga contacto?". Si la respuesta se alinea con tu propósito del ser o con niveles de energía altos, entonces estarás alineando tu intención con la mente no local y unidos se organizará su manifestación en el plano material.

Atención:

La conciencia organiza su actividad en respuesta tanto a la atención como a la intención. Todo en lo que pones tu atención se energiza. En lo que dejas de poner tu atención se disuelve. Por otro lado, la intención es la clave de la transformación, de modo que se podría decir que la atención activa el campo de información que provoca la transformación.

La mayoría de nosotros tiene su atención constantemente en la dimensión física; sin embargo, todo lo que está sucediendo en el mundo visible tiene sus raíces en el plano no visible.

Ahora sabemos que poner nuestra atención en las coincidencias las hace evidentes; la claridad de nuestras intenciones revela lo que manifestamos en la vida. Las coincidencias nos invitan a renunciar a lo conocido y a abrazar e invitar lo desconocido. Una coincidencia es un salto cuántico creativo.

Cuando te des cuenta de una coincidencia, no la ignores. Pregúntate: "¿Cuál es el mensaje? ¿Cuál es el significado de esto?". No necesitarás pensar en las respuestas, simplemente haz las preguntas y las respuestas surgirán. Pueden llegar como una experiencia, un momento de claridad o como menos lo esperas. Puede ser que te encuentres con una persona, leas un artículo o vivas un evento que inmediatamente te dé una pista del significado. "Ah, así que de esto se trataba." Vive la vida reconociendo que el Universo te habla en todo momento, que todo es *para ti*, y que la vida es amigable. La clave es poner tu atención en lo que deseas. Si quieres ir un paso más allá para fomentar las coincidencias puedes llevar un diario de ellas en tu vida.

¿Tienes claro cuáles son las principales intenciones de tu vida? ¿Vivir cómo? ¿Sentirte cómo? Sé sensible a las pistas del universo, sigue la cadena de coincidencias y así crearás el destino que tu corazón desea. La intención teje el tapiz del universo.

Usemos un ejemplo para entender un poco mejor cómo funciona la intención: imagina un recuerdo de cuando estabas platicando con alguien y se te olvidó el nombre de la película que le querías recomendar. La tienes en la punta de la lengua, pero simplemente no te puedes acordar. Una vez que intentas recordar, has introducido la intención. Entre más tratas de acordarte, más parece ser que la información desaparece de tu memoria consciente. Pero, cuando eventualmente pones el ego de un lado y sueltas la *necesidad* (el apego) de recordar, entonces tu intención entra en el dominio virtual con su poder de infinita organización.

De tal manera que, aun si has pasado a otros pensamientos, a pesar de que somos inconscientes de lo que está sucediendo, el dominio virtual continúa buscando la información. Más tarde, "de la nada", recuerdas el nombre de la película. Este ejemplo ilustra la manera en que funciona la intención. Todo lo que tenemos que hacer es crear la intención y dejar que el universo tome el dominio y se organice en el campo cuántico para manifestarlo.

La intención requiere de los ingredientes atención y desapego. Una vez que conscientemente hayas creado la intención, debes poder desprenderte del resultado y dejar que el universo maneje los detalles del cumplimiento. Si no lo haces, el ego se meterá en el camino de la intención, lo cual hará que su realización se demore o se desvíe. La intención naturalmente orquesta su propia realización. Lo único que podría llegar a interferir son las necesidades y preocupaciones egoicas de controlarla.

Imagina que todo el universo es un vasto océano ilimitado de conciencia y posibilidades, y tus intenciones se conectan a ellas, se extienden a través de ti, para verse plasmadas en tu experiencia de vida.

Bloqueos del sincrodestino

¿Cómo puedes saber cuando tu ego se está interponiendo en el camino de tus intenciones? Hay muchas pistas, pero la más importante es el miedo y el control. Cada vez que tu espíritu se ve opacado por tu ego, experimentamos emociones de vibración baja.

Tu verdadero ser no siente estrés, ansiedad, vergüenza o culpa. Una persona que vive alineada con su verdadero ser se vuelve consciente de que se ha desconectado cuando experimenta emociones de falsedad o ego. Por lo tanto, estas emociones son una señal de que su conexión íntima con la entidad no local está bloqueada.

¿Qué le pasa a nuestro cuerpo físico cuando permitimos vivir en falsedad, ego o frecuencias bajas?

Cuando estamos bajo el gobierno del ego/miedo/limitación, el cuerpo físico activa y moviliza la energía para responder a lo que nos decimos. En cuanto nuestro cuerpo percibe el miedo, el sistema nervioso simpático se activa. En cuestión de milésimas de segundo, a nivel fisiológico, el cuerpo dispone de los recursos que requiere para afrontar "el peligro". Nuestras pupilas se dilatan para ver mejor, la respiración y el ritmo cardiaco se aceleran para correr y protegernos. También secretamos glucosa a la sangre para generar energía, que fluye por los órganos internos hacia las extremidades para movernos con rapidez y agilidad. Al estar activo el sistema nervioso se altera el sistema inmune. Además, la circulación deja de ser tan constante en la parte cerebral, que se encarga de tomar decisiones racionales, lo cual hace que perdamos capacidad creativa. Al experimentar el miedo entramos en estado de supervivencia. A corto plazo nuestro cuerpo puede lidiar con este desequilibrio, puede tolerar las condiciones en las que requiere estar en este estado, ya que estamos diseñados para experimentar pequeñas descargas de angustia. Sin embargo, cuando vivimos en contextos de ego, miedo, carencia, culpa y ataque constantemente, el cuerpo requiere de un par de horas para recuperar sus niveles de energía normales y retomar sus cursos vitales, pero si vivimos bajo miedo crónico el cuerpo no recupera el equilibrio y se enferma. El conjunto de todas estas alteraciones hace que reaccionemos en vez de responder a la vida desde nuestra elección… En este caso, diríamos que somos inconscientes de reconocer que en todo momento podemos elegir. O estamos en amor (posibilidades) o en miedo (limitación).

La percepción de la Unidad

Cuando las ondas cerebrales son incoherentes, las señales electroquímicas que manda son desorganizadas y confusas, por lo cual al cuerpo le cuesta trabajo actuar de una manera equilibrada. Al abrirnos a la posibilidad de un mundo unificado el cerebro empieza a cambiar. Entramos a un estado mental integrado y coherente. Esto hace que distintas partes del cerebro se activen y trabajen juntas de manera eficiente. Las subdivisiones del cerebro empiezan a unirse. Los distintos grupos neuronales se amplían para formar comunidades más grandes. Por otro lado, cuando las ondas cerebrales son coherentes es como si hablaran el mismo lenguaje. Esto se refleja en la salud del cuerpo y sus niveles de energía.

Seguro has visto a una pareja de baile que simplemente *saben* cómo moverse juntos. O los pájaros que cambian su ruta de vuelo de manera sincronizada; *fluyen*. Esto es lo que pasa cuando las ondas son coherentes. Ya no te rige el ego, ahora bailas con la inteligencia del universo. El cerebro se convierte en una sinfonía. La mente funciona de manera vinculada y te vuelves un ser integrado y unificado.

Entre más tiempo pasamos en un estado de coherencia más descansamos nuestro sistema nervioso, el cual sana el organismo gracias a que nuestra conciencia se une con la inteligencia mayor. Cuando vivimos inmersos en el momento presente, soltamos la relación que tenemos con el mundo exterior/material, y nos concentramos en el ámbito de lo desconocido, y nuestro cerebro trabaja de forma eficiente. Nos convertimos en seres holísticos.

Ejercicio:

Durante el día mantente consciente de las veces que sientes el impulso de activar el miedo o ego. Crea un autoobservador de tus reacciones para que puedas familiarizarte con los patrones que activan tu resistencia limitada. Al volvernos conscientes abrimos la oportunidad de elegir y transformarnos. No podemos vivir en dos reinos a la vez. O estamos en expansión con el Universo de socio, o en limitación, en la lucha y el sacrificio viviendo del control.

Si sientes limitación pregúntate: "¿Qué estoy creyendo o pensando en este momento que no es real?".

Mi incomodidad interior es la alarma de que estoy atorado en algo mentalmente que no es verdad y creo tener la razón. Mi ser mayor me pide cuestionarlo con las cuatro preguntas de Byron Katie que aprendimos en el capítulo anterior, con el fin de relacionarnos con la Verdad.

> No estoy en el universo, el Universo está en mí.

El núcleo de tu ser es la máxima realidad, la raíz y el fundamento del universo, la fuente de todo lo que existe. Cuando realmente entendemos y experimentamos esto como nuestra verdad, todo se vuelve posible porque sabemos que todo ya *es* dentro de nosotros. Somos una extensión de la inteligencia consciente, y ésta es la fuente de toda realidad, por lo tanto, cada uno de nosotros es la fuente del Todo. Tú creas tu propia experiencia. Siente cómo estás conectado a todo lo que existe. Experimenta cómo no hay limitaciones en lo que puedes manifestar.

Declara:

> Estoy alerta, despierto a las coincidencias, y sé que son mensajes de una fuente inteligente. Fluyo con la danza cósmica, abierto a la conspiración de las improbabilidades.

Bienvenido a la era de la Verdad

Todo lo que el universo crea emite o irradia luz, información, energía y conciencia. Científicamente, este fenómeno se conoce como energía electromagnética. Observa a tu alrededor; a pesar de que sólo somos capaces de ver materia, también existe un mundo de frecuencias invisibles para nuestros ojos que transportan información. Esto significa que somos seres que transmiten, reciben y transforman esta información codificada. En otras palabras, somos antenas. Como ya lo sabes, toda frecuencia transmite información.

El sonido viaja en ondas. Piensa en todas las ondas de sonido que están a tu alrededor ahora mismo. Tu cerebro funciona como un receptor de sonido que detecta y traduce ciertas frecuencias, lo cual hace que sean comprensibles para nosotros. El hecho de que no puedas ver las ondas de sonido no quiere decir que no estén ahí. Al sintonizarnos con otra frecuencia, no importa qué tan grande o pequeño sea el cambio, llegará un mensaje distinto por la nueva longitud de la onda. (Contexto de conciencia alta.)

Tu ser interior quiere conectarse con el Universo y con la frecuencia de su inteligencia, no permitas que el miedo te gobierne. Ya estás listo para dar el paso de regreso a casa. Deja de usar la fuerza, el esfuerzo y el estrés; conéctate con el verdadero poder que está dentro de ti, el poder del Universo.

Cuando accedemos a cierto nivel de conciencia somos capaces de conectarnos con nuestra luz/ser interior, con el Universo y con campos energéticos que se alinean a esta luz, lo cual abre la posibilidad de encontrar paz y felicidad interior.

De vivir en carencia frente al mundo exterior, pasamos a bailar con la melodía del Universo. Esta fuente es ilimitada. Tiene gracia para cada uno de nosotros. Es de donde venimos y a donde regresamos en cada momento. Cuando abrimos la posibilidad de vivir en esta luz universal, empezamos a movernos con el ritmo armonioso del Universo y subimos nuestra vibración y por lo tanto la vibración del planeta.

Existe una leyenda del siglo XI de la vida de un místico yogui tibetano llamado Jetsun Milarepa. Nacido en el seno de un hogar privilegiado, un día decidió transformar su vida. Renunció a todas sus limitaciones terrenales y emprendió un viaje que lo guio a lo alto de las montañas del Himalaya, donde desafiaría las leyes de la física. Eventualmente se volvió consciente de su extraordinario e ilimitado potencial. Milarepa fue capaz de plantar la palma de su mano contra la roca y seguir empujando como si la roca no existiera. Cuando lo hizo, la roca se volvió tan blanda y moldeable que cedió a la presión de su mano, dejando una huella perfecta que quedaría grabada por siglos. Se dice que Milarepa fue capaz de hacer esto más de una vez.

¿Cómo le hizo? ¿Qué distinciones tenía? ¿Qué pensaba? ¿Qué sentía? ¿Cómo fue que logró trascender las "leyes" de la física?

La idea de que Milarepa fuera capaz de moldear la piedra con su mano nos habla de que la piedra no era algo distinto a él, eran uno mismo. Para él la piedra no representaba una barrera, simplemente era una experiencia. La leyenda de Milarepa nos enseña que es posible liberarnos de las convicciones que nos limitan si las replanteamos en nuestra mente. Hemos sido condicionados a percibir el mundo con límites y fronteras.

¿Qué es posible para ti? ¿Te gustaría transformar tus convicciones para mover lo aparentemente inamovible?

En la película de *The Matrix* hay una escena similar. En la oficina del Oráculo (una persona que dictamina el futuro) se encuentran sentadas varias personas en la sala de espera. Una de ellas es un pequeño que juega con unas cucharas de metal. Neo (el personaje principal), un joven apuesto de alrededor de 27 años, se acerca con curiosidad al niño y observa como éste, con la mirada puesta en una de las cucharas, la cual sostiene hacia arriba con su mano, logra torcerla para lugares opuestos sólo con verla. Con intención y atención en su mirada, el niño logra manipular el movimiento de una cuchara metálica, una hazaña aparentemente imposible. Al ver esto Neo se queda sorprendido y se acerca despacio al niño, observando el movimiento de la cuchara. Al estar frente al niño, éste le comenta: "No trates de doblar la cuchara. Eso es imposible. Mejor… trata de reconocer *la Verdad*". "¿Qué verdad?", pregunta Neo, a lo que el niño responde: "Que no hay cuchara". "¿No hay cuchara?", repite Neo. "Entonces apreciarás que no hay cuchara que doblar, eres tú", concluye el pequeño.

Reconocemos en estas líneas que el exterior no existe como algo fijo, sino como percepción, y cada vez que nosotros cambiamos, el exterior cambia. Al adquirir prácticas nuevas como la meditación, ejercicios de respiración y cuestionar nuestros pensamientos es que somos capaces de transformar nuestras ondas cerebrales. *Movemos nuestra mente.* Cuando el cerebro está analizando constantemente y concentrado en el mundo exterior o de la materia, experimentamos ondas cerebrales llamadas *beta*.

Mientras que cuando meditamos, nos conectamos con un estado de paz, estamos en un contexto de maestría "alto", y estamos atentos a nuestro mundo interior, y de este modo transformamos las ondas cerebrales a tipo *alfa*. Entre más tiempo pasemos en nuestro contexto de maestría y experimentemos ondas cerebrales alfa, notaremos una relación más estrecha entre nuestro cuerpo y el mundo físico, con nuestro mundo interior y el campo unificado. Éste se acomoda a nuestra mente y no al revés.

La vida es un constante desaprendizaje

Todos estamos sumando conceptos o eliminando capas. Cada situación, momento y respiración es una oportunidad para transformarnos y cuestionar nuestros pensamientos. Las personas o situaciones que nos causan incomodidad, nos señalan las partes de nosotros que podríamos trabajar.

En nuestro camino a la concientización es importante recordar que todos somos humanos, y, por lo tanto, muchos caminamos de la mano de una conversación egoica, así que es inútil juzgar a otros por sus comportamientos porque ahora sabemos que están actuando desde el miedo y la inconsciencia, que en el fondo es un dolor que hay que sanar, como muchas veces también nosotros. Despertar es reconocer que existe una inocencia más allá del comportamiento en otros y en nosotros. Es quien verdaderamente somos. Éste es el espacio en el que surge el perdón.

La importancia de perdonar

Para sanar hay que perdonar y para ello hay que deshacer. A través del perdón erradicamos nuestros "males"; éste lo experimentamos cuando vemos las vivencias desapegados de ellas.

El perdón no debe verse como un sacrificio de la justificación inmerecida o la negación de la justicia. Desde esta perspectiva, el perdón sería falso e irreal. Por esto el perdón te pide que perdones sólo aquello que has interpretado. Por lo tanto, perdonamos las ilusiones de nuestra percepción para poder ver más allá. La inocencia presente de nuestro hermano. Tocar la verdad en la tabla de conciencia. Acercarnos a frecuencias de valentía y aceptación. Al pelearnos con la realidad, nos acercamos a estados de resentimiento y queja, lo cual hace imposible que estemos en el momento presente y conectados con el Universo.

En este punto es muy importante que consideres que, si todavía anidas culpas en ti, las proyectarás en tu hermano, y perdonar es erradicar la culpa en ambos. Debes modificarla por la responsabilidad de tu poder en el presente. Para perdonar entrega tus ilusiones mentales (pensamientos y juicios) que te tienen por debajo de *exigencia* en la tabla de conciencia y entrégate a los pies de *la Verdad*. Pídele a la vida poder ver más allá de lo aparente.

Antes de que tu mente condene a alguien pregúntate: "¿Me acusaría a mí mismo de eso?". A lo mejor piensas: "Pero sí me hizo eso… y me lastimó…". Si llevas estos pensamientos a las cuatro preguntas de Byron Katie del capítulo anterior, te darás cuenta de que ningún juicio o pensamiento sobrevive. De entrada, porque el pasado ya no es real. Y donde vive todo es en tu mente. Tú tienes el poder de neutralizar los hechos (retírales tu interpretación), de no tomarlos personal y ver que eres tú, con tus pensamientos acerca del hecho, el que se sigue lastimando.

Entonces pregúntate: "¿Con qué fin?", y suelta.

El perdón es la herramienta para vivir el cielo en la tierra, es la liberación de la identificación con los cuerpos y las ofensas. El perdón nos invita a vivir con el corazón abierto. El que cree que ha sido atacado levanta murallas, y se cierra ante otros y ante su vida, pero sobre todo ante sí mismo.

Defenderte es hacer "reales" tus ilusiones mentales. Cuando caemos en esta mecánica planeamos el futuro, reactivamos el pasado y nos resistimos al momento presente. El mundo hoy en día se basa en la idea demente de la defensa, sus estructuras, pensamientos, dudas, armamento, definiciones legales, líderes, dioses, que no hacen sino perpetuar una sensación de amenaza. Nadie viviría a la defensiva si no cargara un corazón cerrado.

Frénate un momento y piensa: "¿De qué tanto me estoy defendiendo? ¿A quién defiendo? ¿A mi ego, mi personalidad, mi cuerpo, mi reputación, mi historia? ¿Y esto es lo que soy verdaderamente?".

Sin defensas vuelves a vivir, a confiar, a vivir con la alegría del espíritu. Vuelves a la gratitud y por lo tanto a tu camino. Enseñarás a otros que al vivir sin defensas el miedo se erradica y los milagros se hacen posibles. La indefensión es lo único que se necesita para liberar una mente suspendida en depresión y angustia.

Hacemos lo que hacemos por nuestro estado de conciencia

La poeta Maya Ángelo escribió: "Hacemos lo mejor que podemos con lo que sabemos, y cuando sabemos mejor, hacemos mejor". Los seres humanos siempre actuamos como extensión de nuestro estado de conciencia; quienes vivimos en la tabla en *falsedad* y *miedo* creyendo todo lo que pensamos, vivimos a la defensiva. No vemos otras alternativas, llevamos la vida como animalitos dolidos. Y como todo lo que me hago a mí, se lo hago a otros, ahí veo mi inconsistencia en lograr la paz y felicidad. Cuando comienzo a vivir por encima de *valentía* en la tabla de conciencia, me convierto en una persona más amorosa y asertiva. Tomo la responsabilidad de mi vida y mis actos. Muy pocos seres humanos hoy viven con esta conciencia.

No es personal si crees que has sido lastimado, o has lastimado a otros y a ti mismo, es resultado de la programación adquirida que debemos deshacer para volvernos responsables.

Reconocemos que en el plano espiritual ningún hermano nos ha hecho daño y la paz llega en el plano material o en el espiritual, pero llega. Entre más conscientes nos volvemos dejamos ir el apego y creamos la posibilidad de ver la vida como un constante despertar. Lo que antes veíamos como un "grave problema", ahora lo convertimos en un sinfín de posibilidades.

Lo más emocionante de vivir en esta era es que estamos sumergidos en un despertar colectivo. Estamos siendo llamados para integrar nuestra conciencia despierta en todas las áreas de la sociedad. Con cada persona que incrementa su conciencia, aumenta la vibración del planeta. Con cada decisión consciente que tomamos cada uno de nosotros, contribuimos al despertar mundial. Recuerda que no hay una manera correcta de expandirse, simplemente diferentes caminos. Sigue el tuyo. Tu Verdadero Ser sabe que amar lo que está frente a ti es el principal y verdadero paso que debes dar. ¡Confía!

Declara:

> Veo que hice lo mejor que pude desde el nivel de conciencia en donde me encontraba en ese momento. Ahora hago lo mejor que puedo desde el nivel de conciencia en el que me encuentro y esto me abre la posibilidad de perdonarme.

Ahora estás en una posición en la cual puedes ver que está en ti comprometerte a crear tu vida. Una que se alinee con tu propósito del ser. Un estado continuo de creación.

- ¿Estás listo para tomar esta responsabilidad?
- ¿Quién quieres ser hoy ante la vida?
- ¿Quién quieres ser ante el momento presente?
- ¿Estás listo para triunfar en el juego de la vida?

La restauración es esencial para el crecimiento y la expansión de nuestro ser. Sanar despierta, nos abre las puertas al amor. Esta transformación trasciende la pregunta: ¿qué necesito? a ¿cómo puedo servir?

En vez de preguntarnos: "¿Por qué estoy viviendo esta situación?", ahora pensemos: "¿Qué puedo aportar a esta situación para elevar mi estado de conciencia y transmitir amor?".

Encontrando luz en la oscuridad

Alguna vez leí: "La realidad es un acto selectivo de percepción". Creo que esto es muy cierto, dos personas que observan el mismo evento tendrán experiencias distintas. Cada una de ellas filtra la energía e información a través de su visión del mundo. Cultivar la flexibilidad para ver distintas perspectivas de ti, otros y el mundo es la clave para experimentar libertad y sanación emocional.

Declara:

Sigo mi corazón. Me comunico con mi interior.
Confío en mi intuición.

Ahora que hemos abierto las puertas a las infinitas posibilidades, pregúntate:

1) ¿Qué vida deseo manifestar para mí, cuál es mi intención? Ocúpate del qué y no del cómo.
2) ¿Cómo vives tu vida para experimentar niveles altos de conciencia en el día a día, sin meterte en los asuntos de otros o la "realidad"?

Estás aquí por una razón

Nunca olvides tu verdadera identidad. Eres polvo de estrellas consciente y luminoso, forjado en el crisol del fuego cósmico.

DEEPAK CHOPRA

Eres ambos, auténticamente único y parte del todo. Está bien dejar salir a tu verdadero ser. O más bien, dejar irradiar a tu verdadero ser, tu luz interior. Cuando te conectas con la versión auténtica de tu ser, tus miedos se desvanecen, tus dudas desaparecen, te encuentras con el flujo de la vida. Ahora, en este preciso momento, ya eres un ser perfectamente completo.

Trabajar desde tu propósito del ser está en ti. Es una elección. Es tan sencillo como elegir leer este libro, cuestionar tus pensamientos, cumplir tu palabra, adentrarte en tu mundo interior. Elige amar lo que haces. En vez de criticar puedes ver que los demás son un reflejo de ti y si te molesta algo, es porque esto se encuentra vivo de alguna manera dentro de ti. Elige cuestionar tus pensamientos. Comparte tus talentos. Sé tú mismo. Conéctate con la energía del amor, la honestidad y la compasión. Éstos son los caminos de tu luz interior.

Lo que realmente importa

A lo largo de mi vida he vivido situaciones en las que me sentía dolida, en las cuales el miedo y mis pensamientos me asaltaban. Hubo ocasiones en que sentía que me invadía la angustia, la depresión y la inseguridad, a tal punto que no me sentía capaz de cumplir con las mínimas responsabilidades de mi vida cotidiana. Pensaba que la vida se trataba de hacer, lograr y esforzarse, y que había una falla en mí para vivir. Poco a poco aprendí que lo único que cada situación requiere es ser y amar. Después de muchos años de estudio, trabajo interior y prácticas me he dado cuenta de que mi felicidad se ampara en lo siguiente:

Ser:
Se trata de estar presente, en nuestros sentidos como en nuestro interior. Es vivir nuestro propósito del ser. Puedes ser en cada momento, cuando estás con las personas que amas, cuando estás manejando, cuando estás en tus ocupaciones, cuando ves el atardecer o cuando tienes un reto. Para ser, vive en tu autenticidad, en honestidad. Actúa porque sientes y no porque crees que tienes que hacer las cosas.

Sé tú:
No hay alguien en específico que tengas que ser, eres perfecto tal como eres. Cuando aceptamos, amamos y entendemos quiénes somos, estamos en niveles de conciencia con una frecuencia alta, en los que podemos ver que todo lo que somos como lo que no somos, es lo que nos hace seres completos.

Nuestro ego intenta hacernos sentir que es más complicado. No puede entender que sea tan simple como aceptar y amar lo que la vida trae. Pero cuando seguimos lo que amamos una y otra vez nos convertimos en nuestro llamado. Cuando fluimos con el Universo, nos salimos de su camino y dejamos que su luz fluya a través de nosotros.

Tu gurú interno es sabio

Es reconfortante darte cuenta de que todo lo que necesitas está dentro de ti. Entre más amor te des y más te aprecies, tu voz interior será más y más fuerte. Haz tiempo para sentarte en silencio un par de minutos al día. No dejes que ningún pretexto te detenga. Escucha a tu voz interior.

Ejercicio:

Pon la mano en tu corazón. Haz un par de respiraciones profundas. Pídele a tu ser interior que te dé claridad sobre tus situaciones actuales. Mi verdadero ser/mi intuición me dice que...

Pregúntate:
- ¿Qué sabiduría vive en mí?
- ¿Qué partes de mí me gustaría traer a la superficie?

Es tiempo de reconocerte

Algunas veces es difícil ver o creer en nosotros mismos, pero es momento de apreciarte. Entre más te reconoces, más claro te queda quién eres y qué deseas con tu vida. Como magia, atraes oportunidades y nuevas posibilidades que traen regalos a tu vida.

Ejercicio:

Nombra tus talentos. No importa qué tan grandes o pequeños los consideres. Puede ser desde que seas bueno en organizarte, que tengas un corazón grande, que te guste ayudar a la gente, o hasta que eres extremadamente honesto y no te da miedo usar tu voz. Empieza escribiendo los talentos que se te ocurran y a través de los días ve agregando los que vayas descubriendo.

¿Estás esperando que alguien te dé la luz verde para vivir?

Te ha pasado alguna vez que quieres compartir algo, pero te cuestionas: "¿Cómo van a reaccionar los demás? ¿Qué pensarán? ¿Qué dirán?".

Es importante que recordemos para qué hacemos las cosas, con qué intención. Mucho tiempo me dediqué a tratar de complacer a los demás. Pensaba que necesitaba la aprobación de mi familia. También quería ser aceptada por el entorno. A veces hacía cosas o tomaba decisiones basadas en la opinión de otros. Dejaba de hacer las cosas desde el amor; cuando quería aprobación vivía desde el miedo. No me sentía en sincronicidad.

Hoy me doy cuenta de que la única aprobación que necesito es la mía. No esperes a que alguien te diga o te haga sentir importante para ver que lo eres. Tu voz y tu mensaje importan. Libérate. Ámate.

Yo me había estado deteniendo. Yo había apagado mi luz. Constantemente elegía no alinearme a mi verdadero amoroso ser. Sin embargo, me comprometí conmigo misma a vivir desde el amor y el respeto por mí. Me comprometí a cuestionar mis acciones: "¿Para quién estoy haciendo esto? ¿Lo estoy haciendo desde el amor o el temor? ¿Con qué intención?".

No importa qué tan lejos brille nuestra luz, sólo que la hagamos brillar. Soltemos el apego al resultado.

Es momento de hacer compromisos

Honrar nuestra palabra es extremadamente importante. Empieza comprometiéndote a cosas pequeñas. Ésta puede ser una de tus prácticas diarias. En el Proceso MMK, al final de la sesión, el *coach* le pregunta a su *coachee* si le gustaría comprometerse a algo que lo ayude a mantenerse cerca de su propósito del ser.

Estamos constantemente expuestos a estímulos, rodeados de personas. Muchas veces dejamos de hacer las cosas que nos hacen felices. Intentemos movernos más lento, estar presentes, tener menos ocupaciones, pero hacerlas al cien por ciento. Para encontrar tu paz interior no tienes que comprometerte a miles de cosas. Comprométete a una cosa y, sin importar qué tan ocupado esté tu día o cuál sea tu estado emocional, hazlo con amor y presencia.

¿Cuál es el compromiso más importante que vas a hacer hoy con tu vida?

En este momento sólo respira

A lo largo de la historia muchas culturas alrededor del mundo han usado la respiración para transformar su visión del mundo y nivel de conciencia. Al respirar conscientemente incrementamos el poder innato de sanación, y podemos sanar el cuerpo físico, mental y emocional.

La respiración es extremadamente poderosa, es la puerta a nuestros patrones y comportamientos conscientes e inconscientes. Los centros primitivos del cerebro controlan el ritmo y la profundidad de la respiración, pero también la percepción e interpretación que tenemos acerca del mundo. Cuando nos sentimos tranquilos y relajados nuestra respiración es coherente y armoniosa.

A pesar de que la respiración es una función automática del cuerpo, también podemos ser conscientes de ella y regularla. Así como las reacciones corporales y mentales afectan la respiración, ésta también tiene el poder de transformar la mente y el cuerpo. Los ejercicios de respiración pueden ser relajantes y vigorizantes. Nos ayudan a tranquilizar la mente y abrir el corazón. Respirar conscientemente es mandarle una señal al Universo de que estamos listos para recibir. Respirar profundo puede transformar energía que está estancada dentro de nosotros.

Una técnica muy sencilla, pero efectiva, para cuando sientas miedo o estrés es: inhala en conteo de cuatro, sostén el aire en cuatro y exhala lentamente en cuatro.

Termina con el arte de estar en silencio

Entre más silenciosos nos volvemos, más capaces
somos de escucharnos.
RUMI

Tu verdadero ser está listo para guiarte.
El Universo está listo para sostenerte.

Durante los momentos de silencio el cuerpo entra a un nivel de relajación profunda y la turbulencia mental se calma. El ritmo del corazón y la respiración se ralentizan, la producción de hormonas del estrés se reduce, el sistema inmunológico se fortalece. La tranquilidad y la paz que experimentamos cuando estamos en silencio se extiende e impregnamos nuestra vida diaria con claridad.

Creamos posibilidades de tomar decisiones que generen los resultados que deseamos, de la mano de la responsabilidad que nace del reconocimiento de que somos cocreadores de nuestra vida.

Ejercicio:

Siéntate en silencio. Encuentra una postura en la que te sientas cómodo. Cierra los ojos y escanea tu cuerpo. Si te das cuenta de que estás tenso, conscientemente relaja esa parte y deja que la tensión salga a través de una exhalación por tu boca. Una vez que tu cuerpo esté relajado y te sientas cómodo, observa la entrada y salida de tu respiración sin intentar cambiarla. Después de observar tu respiración por un par de segundos, silenciosamente empieza a repetir la palabra *yo* en cada inhalación y la palabra *soy* en cada exhalación. La repetición de las palabras *yo soy* debe ser sutil y vaga, trata de no concentrarte en pronunciarlas claramente. Simplemente deja que fluyan.

Es normal si a lo largo de tu práctica de silencio tu conciencia se aleja de tu respiración y de las palabras *yo soy*, y tu mente se entretiene con pensamientos sobre el pasado o el futuro. En cuanto te des cuenta, gentilmente regresa a tu respiración y a la repetición de las palabras. Continúa con este proceso durante 15 minutos.

La libertad emocional es tanto la raíz como el fruto de una vida vivida en la conciencia del momento presente. Somos más de lo que creemos ser. El yogi Maharishi Mahesh solía decir: "Todo el amor está dirigido al Ser. Yo te amo, pero ése no es asunto tuyo". Al trascendernos y encontrar el silencio nos movemos de un amor personal y terrenal a un amor superior e incondicional. Mientras que nos identifiquemos con nuestras historias e interpretaciones, seremos seres limitados y esclavos de nuestra personalidad. Al silenciarnos reconocemos que somos mucho más de lo que vemos en nosotros y en otros.

Añadir silencio al amor nos alinea con frecuencias más altas. Al reconocer que todos somos uno, trascendemos del amor personal a la compasión. Cuando vivimos en este constante estado de gracia, nos convertimos en amantes de la vida, auténticos en todas nuestras relaciones.

Experimentar amor es sanador, ya que mejora la función inmunológica, la digestión, disminuye la presión arterial e incluso puede reducir los niveles de colesterol. El amor despierta el poder curativo de nuestra mente y cuerpo. Amar es una habilidad que desarrollamos mediante la práctica. Cada gotita de amor es sagrada, cada impulso que nace desde el amor nos mueve en dirección de la unidad.

> Tómate el tiempo para enamorarte de ti mismo.

Seamos conscientes

Observa todos los aspectos de tu vida e identifica las experiencias que están requiriendo demasiada de tu energía en lugar de nutrirte. Evalúa tu comida, la frecuencia de la música que escuchas, programas de televisión que ves, libros que lees, y la calidad de tus pensamientos e interpretaciones. Considera si te gustaría poner tu energía en cosas que te mantengan en tu contexto de maestría, y si es momento de dejar ir algunas de las cosas que hoy ya no te nutren, abre espacio para que puedan entrar cosas nuevas a tu vida.

Llamado a la acción

Éste es el amanecer de un nuevo día. Tú tienes el poder de provocar un cambio global con tan sólo ser honesto. Cada decisión que tomas crea una onda en el mar interconectado que une todo; no hay nada demasiado grande o pequeño, cada acto consciente cuenta. Sigue lo que te hace sentir en expansión. Invita al Universo a trabajar a través de ti. Siéntate contigo mismo y escúchate. Tu Verdadero Ser es tu autoridad. Pídele que ilumine tu camino. Transforma el controlar y forzar por permitir y confiar.

El Universo está esperando a trabajar de tu mano, pero primero tienes que dar el paso. El Universo se está expandiendo cada segundo. Para vivir en amor no se necesita esfuerzo, se requiere sintonía. Sé consiente ahora. Y ahora. Y ahora. Y ahora. Y ahora. No naciste para vivir en una caja. Expándete. Ocupa un lugar. Permite que fluya la energía creativa a través de ti. Hay libros que están esperando ser escritos, discursos que están esperando ser dados, montañas que están esperando a ser escaladas, y bebés que están esperando por nacer. Levanta tu mano, da el paso, y disfruta el camino. Éste es el amanecer de un nuevo día. Despierta.

Termina agradeciendo

Hay dos tipos de agradecimiento, el del ego y el del alma. Uno está condicionado y el otro agradece por absolutamente todo; de hecho, para agradecer, vive ya en un estado de gracia, en unión con todo. Uno es un estado de conciencia y el otro es un resultado de la percepción selectiva. Vivir en agradecimiento nos pone en vibración 500 en la tabla de conciencia, al igual que el amor incondicional. Recuerda que el ego vive en la conversación de bueno y malo, pero el espíritu ve un Universo amigable, así que da un paso atrás antes de juzgar, sal de la postura de defender o atacar. El que vive en gracia vuelve a casa, sabe que no tiene nada que perder porque nada le pertenece, vive en una mente abierta, libre. Al vivir así, la mente ya no desea el control porque sabe que con él viene el miedo. Cuando agradecemos cuestionamos lo que pensamos y la realidad se vuelve cada vez más dulce, simple y noble.

Conquistemos la postura de no saber nada, que es la verdadera humildad. Cuando la mente está condicionada el corazón también lo está. Cada historia que decides creer te aleja de ti y de la gratitud. La generosidad es lo que se conquista cuando salimos de los caprichos del ego. Te invito a volver a casa, a tu interior en que nada tiene que pasar para que seas feliz. Recuerda que nunca has dejado de estar ahí, que simplemente por un momento olvidaste cómo vivir en tu hogar. No participar en el juego de la vida no es una opción; todos podemos triunfar, lo reconocemos cuando logramos vivir desde el amor y para el amor.

Bienvenido.

Conclusiones

Una vez abiertas las puertas experimentaremos la unidad entre el mundo exterior e interior. Al terminar este libro verás que tu vida no debe ser regida necesariamente por tu programación. Por el contrario, eres capaz de transformar tu expresión auténtica al expandir tu manera de actuar, pensar y sentir.

Espero que este libro te acompañe en el viaje de concientización, crecimiento y expansión, y ahora que lo has leído, ¿quieres darte la oportunidad de mirar a tu interior para soltar todas esas creencias que no te funcionan en este momento? ¿Estás listo para transformarte en el creador de tu vida?

Hacernos conscientes de cómo tendemos a recrear situaciones y patrones que nos recuerdan a experiencias pasadas nos abre la posibilidad de elegir algo diferente conscientemente. Recuerda que en cada experiencia tenemos la posibilidad de crecer, adquirir sabiduría, confianza en nosotros mismos, y la libertad de amar.

Al reconocer que tenemos la capacidad de regular nuestro estado emocional y físico, nos liberamos de ser dependientes y reactivos a las situaciones que experimentamos. Nos volvemos íntimos con un estado de conciencia tranquila. Nos reconocemos como expresiones de la naturaleza. Al expandir nuestro estado del ser nos convertimos en seres de amor. El amor se vuelve más que un sentimiento o emoción, se transforma en algo mucho más grande y profundo.

El mundo está en necesidad de expresar el amor. Cada impulso, acción o pensamiento de amor tiene un gran impacto. El amor es nuestra verdadera esencia, siempre lo ha sido y siempre lo será.

Regresa a tu poder, no permitas que las exigencias mundanas difuminen el poder de tu corazón.

¿Estás listo para comprometerte a abrir tu corazón y dejar que el amor fluya? Recuerda que tus experiencias pasadas no definen la capacidad infinita que tienes de amar. Tienes el poder de crear una mente y cuerpo que exprese y celebre tus nuevos conocimientos y entendimientos. Escucha la sabiduría de tu corazón y permite que te guíe.

Palabras de Stephanie Erichsen

Era un día cualquiera. Lo que lo hacía distinto era un cansancio desconocido. Decidí poner atención y escuchar mi cuerpo. No quería alarmar a nadie, podía ser un simple conato de gripe; sin embargo, algo dentro de mí indicaba que era mejor visitar a un médico.

Cuando iba a hacer esta visita, sabía que en casa me preguntarían, así que decidí no decírselo a nadie; estaba lista para entrar a la profundidad de mi ser y averiguar qué había ahí dentro. Ahora lo tengo claro: lo que vive y perdura es el alma, la cual se deslinda del cuerpo que se deteriora y no trasciende.

Pero ¿qué es la enfermedad? Tal vez sólo un aprendizaje, un maestro o sencillamente un viaje a la transformación que nos da la oportunidad de tener un propósito mayor enfocado en el amor.

Entonces, entré en la clínica después de una batería de exámenes. Un hombre simpático, con un aire de vejez, que denotaba sabiduría me atendió. Me dijo: "Señora, ¿viene sola?". Confieso que la pregunta me puso nerviosa. ¿Cuál podría ser la razón para necesitar venir acompañada? Me tenía a mí y eso era suficiente.

Unos segundos de silencio y arrancan los resultados preliminares: LUPUS. No era un diagnóstico final; sin embargo, todos los conteos lo indicaban. Para estos momentos nadie nos prepara, sólo nos preparamos nosotros mismos y nuestra filosofía de vida. En centésimas de segundos, y sabiendo que el tiempo no existe, decidí no pensar, mostrar el amor y alejar el miedo que me hizo anclar mis pensamientos. Fue un impulso, esos que salen del fondo del corazón, aquellos que no se piensan, pero se sienten.

Con un tono alejada del miedo, con confianza y quizá hasta con un toque de sentido del humor vi al doctor a los ojos y con la sonrisa que me caracteriza le dije: "Mi doc, eso que usted me muestra hoy sencillamente no puede ser. Tengo 43 años, un marido con quien comparto mi vida, unas hijas adolescentes que son mi motor y energía, una chiquita de cuatro que me da todos los días una sonrisa, una mudanza de casa que he soñado por años… Qué le puedo decir, puedo seguir con un listado interminable de las cosas que hoy me hacen feliz, y sencillamente mis pensamientos no se pueden concentrar en esto".

El hombre, como buen médico, me vio con sencillez, prescribió una nueva receta y me dijo: "Deseo que la próxima consulta venga con su marido".

Salí de la clínica con la cabeza firme y con la convicción de lo que yo le había dicho al doctor. Llegué a mi cuarto de guerra (*war room*), ese espacio maravilloso que tengo en mi casa, tipo el jardín secreto que nos comparte Wayne Dyer en su libro *I can see clearly now*, donde en un silencio interior entregué al universo mi intención. Definitivamente era un acto instintivo el que hice en la clínica, sin embargo, para mí era real y salía de lo más profundo de mi ser. Durante mi meditación, ese día escuché: "La voz de Dios habla todo el tiempo contigo, disfruta y escucha lo que Él te muestra todos los días".

En silencio, con mi fe firme, me hice un acuerdo propio: "Soy mucho más que un cuerpo, soy un SER que puede elegir". Decidí no ahondar en el LUPUS. Hoy en día una sola tecla de internet nos puede llevar a los pensamientos más negativos y oscuros. Elegí el silencio y la fe que muestran la confianza de que las cosas pueden cambiar. Abracé la voz de Dios, esa que nace del corazón y que se manifiesta únicamente al sentirlo en lo más profundo sin cuestionar; sencillamente elegí expandir el amor.

El día llegó. Estaba de regreso en la misma silla de hacía una semana. Fue como revivir la escena. La pregunta volvió a surgir: "¿Viene sola?". Y mi respuesta acompañada de una sonrisa fue la misma: "Sí, doctor, vengo sola". Abrió el sobre del resultado y el diagnóstico final fue: NORMAL.

No hay errores en el universo. Existen los milagros que son tan sólo un cambio de percepción. Dios tiene el plan perfecto para mí; para algunos es una enfermedad, para otros un salto cuántico sin ella. No supe si el médico estaba asombrado de tener en sus manos unos resultados completamente distintos.

Regresé a casa con el corazón desbordado de gratitud. Entré en mi cuarto de guerra con esa misma energía, con esa paz que resuena en mi cuerpo, en un espacio en donde pude aprender que yo puedo reprogramar todo con sólo dar gracias por lo que soy y hay en mi vida.

Agradecí por lo que tengo hoy, manifestando mi abundancia, agradecí por experimentar el gozo, agradecí por sencillamente ser yo, por todo el bien que doy y en especial por todo el bien que recibo dándole con amor la bienvenida a mi vida.

Por eso, gracias, Ale, por compartir tanto con la humanidad. Tu generosidad me hizo ver una vida en donde cualquier posible "conflicto" está donde inició: en mi mente.

Bibliografía

Arbinger Institute, *Leadership and Self-Deception: Getting out of the Box*, San Francisco, Berrett-Koehler Publishers, 2010.

—, *The Anatomy of Peace: Resolving the Heart of Conflict*, San Francisco, Berrett-Koehler Publishers, 2006.

Bennington, Emily, *Miracles at Work*, Colorado, Sounds True, 2017.

Bhagavad Gita, Nueva York, Three Rivers Press, 2002.

Bohm, David, y Lee Nichol (eds.), *The Essential*. Nueva York, Routledge, 2007.

Bradshaw, John, *Healing The Shame That Binds You*, Deerfield Beach, FL, Health Communications, Inc., 2005.

Breggin, Peter R., *Guilt, Shame and Anxiety Understanding and Overcoming Negative Emotions*, Nueva York, Prometheus Books, 2014.

Byron, Katie, y Stephen Mitchell, *Loving What Is: Four Questions That Can Change Your Life*, Nueva York, Three Rivers Press, 2003.

Chalmers Brothers, *Language and the Pursuit of Happiness*, Naples, FL, New Possibilities Press, 2005.

Chopra, Deepak, *Sincrodestino: descifra el significado oculto de las coincidencias en tu vida y crea los milagros que has soñado*, Santillana, 2008.

Cohen, Alan, *Un curso de milagros (fácil). Claves para entenderlo de forma sencilla*, Barcelona, Urano, 2016.

Colin, Tipping, *Radical Self-Forgiveness. The Direct Path to True Self-Acceptance*, Boulder, CO, Sounds True, 2011.

Dispenza, Joe, *Sobrenatural*, Barcelona, Urano, 2018.

Doidge, Norman, *The Brain That Changes Itself: Stories of Personal Triumph from the Frontiers of Brain Science*, Nueva York, Penguin Books, 2007.

Gandhi, M. K., y Mahadev Desai, *An Autobiography. The Story of My Experiments With Truth*, Victoria, BC, Reading Essentials, 1993.

Garnier Malet, L., y J., *El doble... ¿cómo funciona?*, Tarragona, Carolina Rosset Gómez, 2012.

Goddard, Neville, *El Poder de la conciencia*, Columbia, CS, Wisdom Collection, 2017.

—, *Sentir es el secreto*, Middletown, DE, Wisdom Collection, 2018.

Hawkins, David R., *Letting Go*, California, Hay House, 2013.

—, *Power vs. Force. The Hidden Determinants of Human Behavior*, California, Hay House, 2012.

Howard, Christopher, *Turning Passions into Profits: Three Steps to Wealth and Power*, Nueva Jersey, John Wiley and Sons, 2004.

Jung, C. G., *Memories, Dreams, Reflections*, Nueva York, Vintage 1989.

Lao-Tzu, y Stephen Mitchell, *Tao Te Ching*, Nueva York, Harper Perennial Modern Classics, 2006.

LeMay, E., J. Pitts y P. Gordon, *Heidegger para principiantes*, Buenos Aires, Errepar, 2000.

Liani, Mario, "Las enseñanzas de Viryon", disponible en: http://www.38uh.com.

Maddi, Salvatore, y Suzanne Kobasa, *The Hardy Executive: Health Under Stress*, Irwin Professional Pub, 1984.

Mandela, Nelson, *Long Walk to Freedom: The Autobiography of Nelson Mandela*, Nueva York, Back Bay Books, 1995.

Marci, Shimoff, *Happy for No Reason*, Nueva York, Free Press, 2008.

Maturana, Humberto R., y Francisco Varela, *Tree of Knowledge: The Biological Roots of Human Understanding*, Boulder, co, Shambhala, 1992.

Mundy, Jon, *Vivir un curso de milagros*, México, Lectorum, 2011.

Potter-Efron, Ronald, y Patricia Potter-Efron, *Letting Go of Shame*, Center City, MN, Hazelden Publishing, 1989.

Samsó, Raimon, *El código de la manifestación*, Barcelona, Ediciones Obelisco, 2017.

—, *El consejero iluminado*, Madrid, Instituto Expertos, 2017.

Shimoff, Marci, *Happy for No Reason: Seven Steps to Being Happy from the Inside Out*, Nueva York, Simon and Schuster, 2009.

Simon, David, *Free to Love Free to Heal*, California, Chopra Center Press, 2009.

Tolle, Eckhart, *The New Earth*, Nueva York, Penguin Random House, 2016.

Torres, Sergi, *¿Me acompañas?*, Barcelona, Urano, 2017.

Tsabary, Shefali, *The Transforming Ourselves Conscious Empowering Our Children Parent*, Vancouver, BC, Namaste Publishing, 2014.

Velázquez, Sandra, *Enseñanzas de un curso de milagros*.

Walter, Isaacson, *Einstein*, Nueva York, Simon and Schuster, 2007.

Wolinsky, Stephen, *Quantum Consciousness: The Guide to Experiencing Quantum Psychology*, Spring City, PA, Bramble Books, 1993.

El libro de oro de Alejandra Llamas
se terminó de imprimir en enero de 2020
en los talleres de
Litográfica Ingramex, S.A. de C.V.
Centeno 162-1, Col. Granjas Esmeralda,
C.P. 09810, Ciudad de México.